KB234627

악에 대한 저항

FOr EVIL

악에 대한 저항

김선희 지음

RESISTANCE

한국학술정보㈜

✝ 머리말

본서(本書)는 계명대학교 학위청구논문 「여성 성폭력 피해자를 위한 기독교 상담: 폴링(James N. Poling)의 이론을 중심으로」(2009)를 수정한 것이다.

폴링은 성폭력에 작용하는 악에 대하여 새로운 시야를 제시한 저명한 학자로 2008년 한국에서 강의 중이었고, 당시 학위청구논문을 준비 중이었던 필자는 폴링 박사에게 구체적인 가르침을 받는 행운을 가지게 되었다.

며칠 전의 상담 내용을 적어 본다.

A: "저는 죄를 지어서 본 교회를 떠났어요. 지금 겨우 다른 교회에 적응해서 성가대원으로 활동하고 있는데 저 때문에 성가대가 잘 안 되는 것 같아요."
B: "성가대가 안 되는 게 어째서 자신 때문이라고 생각하시나요?"
A: "제가 죄인이라서 그렇지요."
B: "그게 무슨 말씀이신지요?"
A: "제가 본 교회에 있을 때(머뭇거리며) 담임목사님과 좀……."

유부녀인 그녀는 자신이 다니던 교회의 담임목사에게 수차례에 걸쳐 성폭력을 당하였다. 그 후 죄스러운 마음을 가지고 교회를 떠나 방황하다가 다른 교회에 다니며 적응해 가는 도중, 자신의 죄로 인해 여러 가지 일들을 망치게 될 것 같은 두려움을 호소하였다.

피해자는 피해를 안은 채 목사님은 주의 종이기 때문에 하나님이 알아서 하실 것이라는 생각을 가지고 있었고, 반면 가해자인 담임목사는 또 다른 여성에게 범죄를 저지르며 여전히 본 교회에서 목회 중이었다.

범죄자를 여전히 성직자 취급하는 그녀의 생각은 여성 피해자에게 성폭력에 대한 책임을 전가시키는 한국 사회의 성에 대한 잘못된 통념들 때문이라 여겨진다. 교회 또한 가해자에 대한 처벌보다는 목회자를 감싸고 덮어 두려는 입장을 취함으로써 피해 사실이 은폐되어 또 다른 피해자가 발생하는 경우가 많았다.

전문적인 이론에 관심이 없는 독자들은 2장 '연구사적 고찰'과 3장 '이론적 배경'을 건너뛰고 곧장 4장으로 넘어가도 무리가 없을 것으로 생각된다. 4장과 5장에서는 인생의 어려움을 극복하고 승리자의 삶을 살아가는 피해자들을 통해 악에 대한 저항의 가치를 발견하길

기대하며, 6장 논의에서는 치유와 회복을 위한 기독교 상담에 대해
함께 고민해 보았으면 한다.

이 책이 성폭력 피해를 입은 분들에게 악에 대해 저항할 수 있는
용기를 주고 진정한 위로와 평안을 줄 수 있길 기대한다. 또한 인생
을 살아가며 가슴 아픈 사연들을 가진 모든 독자들에게도 진정한 용
기의 의미를 되새기게 하여 승리하는 삶을 살아가길 바라는 마음이
간절하다. 용기를 내어 자신의 경험을 말해 준 성폭력 피해자 분들에게
다시 한 번 감사드린다.

2010년이 저물어 가는 12월
서울 성북구 상담실에서
김선희

2008년 폴링 박사와의 만남을 기념하며

제1장 서론

본서(本書)에서는 폴링(James N. Poling)[1]의 이론을 중심으로 물리적
인 힘과 강제성뿐만 아니라 심리적·사회적인 힘과 비가시적인 억압
요소에 이르기까지 피해자[2]와 가해자 사이에 작용하는 힘의 작용을
살펴보고, 상대적으로 약자인 피해자들을 돕기 위한 기독교 상담을 모
색하고자 한다.

성폭력은 계층이나 문화, 인종, 종교, 성을 초월하여 일어나며 그
사회의 문화와 밀접한 관련이 있다. 여성 성폭력 피해자가 95% 이
상[3]을 차지하고 있는 한국의 경우, 여성 피해자의 시각에서 성폭력이
조명된다면 성폭력에 대한 좀 더 바른 이해와 더불어 힘의 남용에 대
해 규명할 수 있을 것이다.

유교의 가부장적 문화에 의해 깊은 영향을 받은 한국의 성(性)문화

---

1) 미국 Garrett-Evangelical Theological Seminary 교수. 성폭력 현상을 힘의 문제로 분석, 비평하며 힘에 대
한 바른 이해와 힘의 올바른 사용을 역설하고 있다.

2) 'victim'은 성폭력의 피해자 또는 희생자, 'survivor'는 자신이 당한 폭력에 대해 외부에 증언하고 투쟁하며
치유를 위한 긴 여정을 살아가는 생존자 또는 극복자를 의미한다. 본서의 '참여자'는 생존자라고 지칭할 수
있지만 피해자에게 초점을 맞추어 연구되었으므로 용어의 혼돈을 피하기 위해 참여자들을 피해자 또는 참
여자로 서술하고자 한다.

3) 대검찰청, 『범죄분석』(서울: 대검찰청, 2008), 164-165.

는 성 역할 고정관념의 사회회와 남성 중심적 사고의 잘못된 통념들을 일반화시켜 왔다. 가부장적 문화에 의한 성 역할 고정관념은 남성의 지배나 폭력을 불의로 보지 못하게 만들고 여성의 희생을 인권침해로 보지 못하게 하는 이데올로기적 기제로 작용해 왔다.[4] 가부장적 사상이 성폭력을 은폐시키고 유지하는 사회적 기제로 작용하는 경우, 성폭력 사건은 성폭력 피해자에 대한 통념과의 싸움이기도 하다. 이러한 성차별적 사회에서 성폭력은 남성들의 우월성을 주장하는 방식이며 여성이 자신의 자리에 머물라는 경고의 방식이다.[5]

성폭력만큼 피해자에게 문제의 원인을 돌리는 범죄도 없다. 성폭력 피해 여성들이 피해 사실을 문제화할 수 없는 것은 가해자에 대한 비난보다 피해자에 대한 비난이 더 크기 때문이다.[6] 이러한 점은 여성 성폭력 피해자에게 이차적인 피해를 낳게 하며 가해자의 지속적인 성폭력 활동을 돕는 결과를 가져온다.

현재 한국의 여성 운동은 여성의 경험을 여성의 입장에서 해석할 수 있는 언어의 부재로 고통받고 있다. 여성에게 부족한 것은 법을 적용받을 수 있는 힘이다.[7] 이에 여성주의자들은 성폭력과 관련된 가부장제의 사회적 규범을 비판하고 성폭력 사건을 가해자에 대한 피해 여성의 저항의 정도가 아니라 '성적자기결정권'에 의한 동의 유무에 초점을 둘 것을 요구하고 있다.

피해자가 비록 동의를 했다고 하더라도 성폭력 현장에서는 분명한

---

4) 이현숙, "기독교와 성폭력", 『성폭력과 기독교』(서울: 여성신학사, 2000), 20.

5) Ibid., 22.

6) 김효선, "성폭력, 성별 정치가 남성 간의 정치로", 『성폭력을 다시 쓴다 – 객관성, 여성운동, 인권』(서울: 한울출판, 2004), 160.

7) 정희진, "법제화 이후의 여성운동을 위하여", 『성폭력을 다시 쓴다 – 객관성, 여성운동, 인권』(서울: 한울출판, 2004), 10 – 11.

힘의 남용이 존재하기 때문에 여성이 가부장 권력을 가졌다면 여성 또한 힘의 남용자가 될 수 있다. 필자의 이러한 주장은 폴링의 이론을 근거로 한다. 폴링은 성폭력에 대해 힘과 힘의 남용이라는 관점을 제시하였고, 필자는 권력에 의한 힘의 남용은 악이라 규정한 폴링의 이론을 '성 권력이론'으로 명명하였다.

남성 중심의 문화 속에서 여성을 성적 도구로 삼고 성폭력을 행사한 것은 힘과 권력을 오용한 것으로서 교회도 예외가 아니다. 기독교 여성의 경우 성폭력 피해의 경험은 신앙의 위기가 될 수 있으므로 숙련된 기독교 상담자의 도움이 필요하다. 사회적으로 성에 대한 논의가 활발해지고, 성폭력 특별법[8]이 제정되었음에도 불구하고 교회는 교회 내 성폭력[9]에 대해서 여전히 치명적인 침묵을 유지하고 있으며 성폭력에 대한 전문적인 기독교 상담기관이나 기독교 상담자가 부족한 실정이다.

연구 방법으로는 질적 연구 방법 중 현상학적 방법을 적용하여 성폭력 피해자의 경험을 중심으로 저항에 초점을 두어 서술하였고, 참여자에게는 폴링의 5가지 대주제[10]에 맞춘 질문지 양식을 토대로 문제와 사람을 분리하여 '무엇(what)' 또는 '어떻게(how)'에 맞추어 개방형으로 질문하였다.

주제의 성격상 참여자들을 만나기가 쉽지 않아 대구 및 서울의 성폭력 상담소와 관련 기관을 내방 또는 전화 통화하여 담당자들에게 본

---

8) 성폭력 범죄의 처벌 및 피해자 보호 등에 관한 법률로서 1994년 제정되었다.

9) 교회 내 성폭력에 대한 연구는 윤종모, 한국염, 최영애, 정숙자, 이원규 및 피해자의 증언이 있음. 한국여신학자협의회 편, 『성폭력과 기독교』(서울: 여성신학사, 2000), 64-225.

10) 5가지 대주제는 사건, 생존, 치유, 사회, 종교에 관한 것이다(1. What happened? 2. How did you survive? 3. How have you experienced healing? 4. How did the social context make you vulnerable and help you survive and heal? 5. How did you faith(religion) make you vulnerable and help you survive and heal?).

서의 취지와 내용을 설명하고 참여자의 주신을 의뢰하였다. 참여자와의 인터뷰는 2008년 4월부터 2009년 3월까지 수회에 걸쳐 이루어졌다.[11)

참여자를 소개받은 후, 먼저 전화 통화를 하였고 이메일 주소를 통해 본 연구의 취지와 내용에 대해 설명하였다. 인터뷰에 응한 참여자와의 만남은 참여자가 원하는 장소로 필자가 이동하여 이루어졌으며 추가적인 질문이나 연구에 필요한 정보는 전화나 이메일, 그리고 지속적인 만남을 통해 이루어졌다. 참여자의 동의를 얻어 녹음을 하였고 녹음과 동시에 메모도 하였으나 참여자가 대화 중 메모를 원하지 않을 경우에는 녹음만 진행하였다.

필자는 녹음된 내용을 축어록으로 작성하여 기술하고 분류하였다. 분류 작업은 인터뷰한 내용들을 구조화하여 개인별, 주제별로 분류하였고, 참여자 개인에 대한 구조화는 다섯 가지 대주제에 따른 것으로 성폭력 피해의 경험을 참여자들의 언어 그대로 서술하였다. 5가지 대주제에 대한 질문은 피해자가 자기 이야기를 잘할 수 있도록 순서적으로 하는 것이 효과적이다.[12) 피해자가 말하기 쉽도록 어떤 일이 어떻게 일어났는지를 먼저 이야기하도록 하고, 어떻게 살아남았는지 그리고 치유의 과정에서 어떤 경험을 했는지, 끝으로 자신과 사회 및 종교와의 관련성에 대해 진술하도록 하였다.

---

11) 연결된 11명 중 8명의 참여자를 직접 만났고, 2명의 참여자는 참여자의 요청에 의해 이메일(e-mail)로 인터뷰한 후 상담자를 통해 재진술되었으며 해외의 1명은 이메일과 전화 통화로 인터뷰하였다. 직접 만난 8명의 참여자 중 2명은 심리적인 불안정과 개인 사정으로 인하여 끝까지 인터뷰에 참여하지 못하였고, 이메일과 전화 통화로 인터뷰하던 해외의 1명은 임신이 확인되어 태교에 좋지 않을 것이라는 판단하에 인터뷰가 중단되었다. 최종적으로 총 8명의 연구 참여자가 본 연구에 참여하였고 3명은 1회, 1명은 2회, 1명은 3회, 3명은 7회에 걸쳐 만남의 시간을 가졌으며 지역별로는 서울 4명, 대구 2명, 인천 1명, 광주 1명으로 집계되었다. 본서에서는 저자의 논문에 게재된 8명의 참여자 중 교회 내 성폭력에 해당되는 4명의 참여자에 대해 서술하였다.

12) 폴링이 실제 성폭력 피해자들을 상담할 때 사용하는 자신의 질문 순서 방법을 필자의 연구에 적용할 수 있도록 지도해 준 내용이다.

필자는 이러한 순서를 원칙으로 살아 있는 원자료를 수집하기 위해 현상학적 판단 중지의 방법을 사용하고, 폴링의 '성 권력이론'을 중심으로 참여자들과 인터뷰하였다. 무엇보다 필자는 치료를 위한 상담이 아니라 연구를 위한 심층 인터뷰임을 참여자에게 밝히고 참여자를 존중하며 경청의 자세를 가졌다.

질적 연구에서는 참여자의 언어를 필자의 언어로 재해석하고, 해석학적 구성의 원리는 폴링이 주장하는 권한부여(empowerment)의 기준을 적용하였다. 즉, 최소 힘을 소유한 사람들이 선의 성격에 관하여 최대를 나타낼 수 있고 힘의 남용을 폭로할 수 있다는 것이다.[13]

위와 같은 방법을 적용하여 제2장은 선행 연구를 통한 연구사적 고찰을 세 가지로 분류하여 정리하였다.

제3장은 이론적 배경으로서 폴링의 '성 권력이론'을 그의 저서와 강의, 개인적으로 지도받은 것을 기초로 연구하고자 하는 내용을 서술하고 현재 한국 사회의 성폭력 현황을 조사하여 성폭력에 대한 이해를 돕도록 하였다.

제4장은 현상학적인 질적 연구로서 참여자의 성폭력 피해 경험에 대해 참여자의 언어에서 추출한 내용을 서술한 후, 이를 구조화시켜 참여자 개인에 대한 질적 연구가 이루어지도록 하였다.

제5장은 이론적 배경에 기초한 중심 주제에 관한 질적 연구를 다루었고, 제6장은 질적 연구 결과에 따른 성폭력 구조, 저항, 저항의 종교적 자원, 그리고 기독교 상담에 대해 사회, 심리, 신학으로 분류하여 논의하였다.

---

13) James N. Poling, *The Abuse of Power: A Theological Problem*(Nashville: Abingdon Press, 1991), 14.

제2장 연구사적 고찰

1. 신학적 접근의 선행 연구
2. 일반적 접근의 선행 연구
3. 국외 연구

성폭력에 대한 국내 연구는 여성학을 비롯하여 교육학, 간호학, 심리학, 경찰행정, 법학, 사회복지 등 다양한 분야에서 활발하게 이루어지고 있으나 신학 분야에서는 미흡한 실정이다. 성폭력에 대한 여러 방면의 연구를 살펴보기 위하여 신학 분야에서는 신학적 접근의 선행 연구, 그 외의 분야에서는 일반적 접근의 선행 연구와 국외 연구로 분류하여 고찰해 보고자 한다.

1. 신학적 접근의 선행 연구

신학 분야에서 성폭력과 관련된 논문은 여성 성폭력[14]과 친족 성폭력[15] 그리고 기독교 교육[16]에서 찾아볼 수 있다.

---

14) 김나미, "고난 이해에 대한 여성 해방신학적 재해석: 매 맞는 여자들의 문제를 중심으로"(석사학위논문, 이화여자대학교, 1993); 김승진, "여성을 위한 목회 상담의 새로운 접근"(석사학위논문, 연세대학교, 1997); 이선자, "성폭력 피해 여성을 위한 목회 상담적 접근"(석사학위논문, 장로회신학대학교, 1998); 손선미, "성폭력의 실태와 사회복지 대책에 관한 연구: 광주/전남 지역 성폭력 피해 상담 사례를 중심으로"(석사학위논문, 광주대학교, 1999); 정금교, "여성 폭력에 대한 목회 상담적 접근"(석사학위논문, 계명대학교, 2001); 조진수, "성폭력 이해와 치유를 위한 목회 상담적 접근"(석사학위논문, 전주대학교, 2001); 양창국, "성폭력 이해와 예방 대책에 관한 연구"(석사학위논문, 안양대학교, 2003); 현혜원, "성폭력 피해자들의 외상 후 스트레스 장애와 목회적 대응"(석사학위논문, 감리교대학교, 2005); 임재연, "대학 내 성희롱·성폭력에 관한 실태와 대처 방안"(석사학위논문, 침례신학대학교, 2007).

학술지를 살펴보면 교회 내 성폭력에 대해서 성폭력 가해 목회자들이 자신의 가해 사실이 알려지는 경우 성서[17]를 오용하여 피해자가 음란한 마귀에 씌어 주의 종을 모함하고 있는 것으로 자신의 행위를 합리화시키고 피해자를 비난한다고 하였다.[18]

교회 내 성폭력에 대한 오랜 문화적 근원에 대해서는 여성을 남성과 동등한 인격체로 여기지 않고 육을 더럽고 부정한 것으로 여겨 온 교회 전통에서 찾아볼 수 있다.[19] 교회 내 대부분의 피해 여성들은 하나님이 자신에게 성직자를 섬기고 봉사하는 자로서 라헬의 사명을 부어 주셨음을 고백하고 있다.[20]

교회의 성차별주의로 상징화한 이원론은 열등한 보조적 인간성의 자기 소외와 사회적 투영의 유산을 여성에게 구체화시켰으나 이제 교회는 군주나 아버지가 백성이나 자식들에게 가지던 관계에서 벗어나 대화하는 관계로 변화되어야 한다.[21] 교회 내에서는 남성의 지배, 강요된 역할 규정 그리고 권력 남용이 하나님과 그의 창조 질서에 대한 반항으로 간주되어야 한다.[22]

일부 개신교에서는 교권 체제에 오염되어 평신도들을 미성숙한 상

---

15) 하정숙, "친족 성폭력 피해자 치유를 위한 목회상담 연구"(석사학위논문, 이화여자대학교, 2001).

16) 윤영호, "바람직한 교회 학교 성교육을 위한 연구"(석사학위논문, 목원대학교, 2001); 박요한, "성에 대한 기독교 윤리적 고찰: 오늘날 성의 왜곡과 관련하여"(석사학위논문, 총신대학교, 2002); 곽진선, "교회 내 성폭력 극복을 위한 기독교 교육의 과제: 남성 목회자에 의한 성폭력 문제를 중심으로"(석사학위논문, 한신대학교, 2003).

17) 예를 들어 모세의 누이 미리암이 모세가 이방 여인을 취한 것을 비난했기 때문에 문둥병에 걸린 내용(민수기12장)이나 다윗이 밧세바와 간음(사무엘하11장)했지만 죽을 때까지 왕 노릇 한 성서의 기록.

18) 한국염, "교회 내 성폭력의 실태와 과제", 『성과 여성신학』(서울: 대한기독교서회, 2001), 177–180.

19) 이원규, "교회 내 성폭력에 대한 종교 사회학적 분석", 『성폭력과 기독교』(서울: 여성 신학사, 2000), 205.

20) 정숙자, "교회 내 성폭력과 라헬 이야기", 『성폭력과 기독교』(서울: 여성 신학사, 2000), 78–79.

21) Rosemary R. Ruether, 손승희 역, 『새 여성·새 세계』(서울: 우일문화사, 1980), 114.

22) Ulrike Eicheler und Ilse Müllner, 김상임 역, 『깨어진 침묵 – 성폭력에 대한 여성 신학적 응답』(서울: 여성 신학사, 2001), 144.

태로 묶어 둠으로써 종교 개혁의 기본 정신을 되살리지 못하고 있음을 비판하는 동시에 교회의 권위와 체제에 순응하는 교인들을 양성하기 위한 길들이기 교육에서 벗어나 평신도들의 해방을 돕는 교육의 전환을 주장하고 있다.[23]

이 외에 다양한 학술 연구[24]가 있으나 본 주제와 관련된 유사한 논제가 부족한 실정이다. 선행 연구에서는 교회 내 성폭력에 있어서 가해 목사들이 자기 합리화에 성경을 오용하고 있고, 교회 내에서도 성차별주의가 교회의 전통 속에 내재되어 있음을 밝히고 있다. 또한 교회 내 대부분의 성폭력 피해 여성들이 왜곡된 성경 해석에 대해서 무조건적인 믿음을 가지게 되는 이상한 현상을 지적하고 있다.

2. 일반적 접근의 선행 연구

성폭력 피해 여성에 대한 연구 결과를 살펴보면 한국에서는 사회적 편견, 특히 성폭력에 대한 고정관념으로 인하여 성폭력 피해는 높으나 신고율이 낮은 것으로 나타났고,[25] 가정 폭력 피해 조사에서도 아내에 대한 폭력이 미국보다 3배 정도 많은 것으로 나타났다. 여성

---

23) 윤응진, 『비판적 기독교교육론』(서울: 다산 글방, 2000), 30.

24) 1. 법적인 주제로는 최영애, "성폭력특별법 제정 방향에 관한 제언", 『기독교사상』 419(1993): 201 – 207; 장윤경, "성폭력의 예방과 특별법의 적용", 『기독교사상』 427(1994): 186 – 192. 2. 성폭력에 대한 주제로는 최영애, "청소년 성폭력 실태와 대책", 『기독교사상』 447(1996): 139 – 150; 유복님, "여성과 성폭력 사회의 문제", 『기독교사상』 389(1991): 80 – 88. 3. 교회와 성폭력에 관한 주제로는 최영애, "성폭력과 교회의 과제", 『기독교사상』 418(1993): 149 – 154; 한국염, "교회 내 성폭력의 실태와 과제", 『기독교사상』 481(1999): 222 – 233; 4. 성서 신학에서 성폭력을 다룬 주제로는 이경숙, "구약 성서에 나타난 성폭력과 여성", 『기독교사상』 389(1991): 7 – 18; 박강희, "밧세바, 다말의 이야기에서 나타난 여성 성폭력에 대한 고찰", 『복음과 상담』 34(2004): 36 – 61.

25) 심영희, "여성의 성폭력 피해 연구: 서울시 여성에 대한 피해자 조사를 중심으로", 『사회과학논집』 12(1993): 239 – 265.

주의 입장에서 보면 문제의 근원에 가부장적 사회구조와 이데올로기가 존재하며 이를 기반으로 왜곡된 성 역할 개념과 성 불평등이 존재하고 있음을 알 수 있다.[26]

‘범죄에 대한 두려움’의 반응에서 여성은 남성에 비해 자신의 개인적인 자유를 희생하는 방식으로 시간과 공간을 통한 이동을 제한하거나 라이프스타일(life style)을 스스로 제한한다.[27] 성폭력을 당한 피해 여성들의 경우 ‘알림’으로 대처할수록 긍정적인 변화를 추구할 가능성이 증가하는 반면에 ‘은폐’와 ‘피신’으로 대처할수록 부정적인 내재화를 초래할 가능성이 증가하였다.[28]

친족 성폭력에 대한 연구에서 지배-공격형 남편의 가정에서 성폭력이 발생하였고 1차적 심리적 후유증은 상실감과 죄의식으로 연결됨을 보여 주었다. 가해자와 피해자의 심리적 유대가 강할수록 성폭력 후유증이 심하게 나타나는 것은 유교적 전통이 강한 한국 사회에서 더욱 두드러진다.[29] 그리고 친족 성폭력 피해자의 경험은 ‘몸서리쳐짐’이라는 중심 현상이 발생되었다.[30]

성 인지적 관점에서 보았을 때, 법의 생성 자체가 남성 주도적으로 이루어졌기 때문에 성 편향적으로, 즉 여성의 관점은 전혀 반영되지 않음으로써 여성에게 불평등할 수밖에 없다. 따라서 헌법이 보장하는 기회의 평등은 ‘실질적인’ 기회의 평등으로 적용되어야 할 것이다.[31]

---

26) 심영희, “한국에서의 가정 폭력의 피해”, 『사회과학논집』 11(1992): 167-184.

27) 김지선, “여성의 범죄에 대한 두려움: 사회적 구성과 결과”(박사학위논문, 이화여자대학교, 2004).

28) 김경희·남선영·지순주·권혜진·정연강, “성폭력 피해 여성의 경험에 관한 연구”, 『한국학교보건학회지』 9, no. 1(1996): 77-98.

29) 이명희, “친족 성폭력 피해자의 후유증과 그 회복 과정 연구”(박사학위논문, 경성대학교, 2003).

30) 안옥희, “친족 성폭력 피해 경험”(박사학위논문, 중앙대학교, 2000).

31) 김용화, “성 인지적 관점에서 바라본 성평등 실현에 관한 연구”(박사학위논문, 숙명여자대학교, 2006).

심리학 분야의 연구로 성폭력 피해를 매개하는 가장 강력한 내적 변인은 무력감으로 나타났으며 가해자가 권위적 인물인 경우나 피해 당시 아무 반응도 할 수 없었던 경우에 성폭력 피해로 겪게 되는 심리증상 정도가 더 심하였다.[32] 간호학 분야에서는 성폭력 피해자의 건강경험 양상을 탐색하기 위한 기술적 연구가 이루어졌다.[33]

성폭력에 대한 태도 유형을 측정한 결과 가해자 집단의 특성이 일반인들에게도 확인되었다.[34] 성폭력범죄 처벌의 개선 방안으로 가해자의 처벌뿐만 아니라 성폭력 범죄에 대한 처벌 혹은 예방에서 유의할 점은 그 내용이 어디까지나 피해자 보호에 주안점을 두어야 한다는 것이다.[35]

국내의 선행 연구들을 살펴본 결과, 성폭력 피해에 있어 가부장적 제도와 법적 현실에 대한 처벌이 여성들에게 불평등하게 작용하고 있음을 알 수 있다. 심리학에서도 가해자가 권위적 인물일 경우에 성폭력 피해에 대한 심리적 후유증이 심해지는 것은 주목할 만하다.

3. 국외 연구

성폭력 피해자 155명을 대상으로 성폭력 경험 노출 결과에 대해 연구한 결과, 의사나 경찰에게 성폭력 사실을 노출한 사람들은 부정적 사회적 반응과 회피적 대처 전략을 많이 사용하는 것으로 나타난 반

---

32) 도상금, "성폭력으로 인한 심리증상을 매개하는 무력감, 귀인 및 정서 대처"(박사학위논문, 서울대학교, 2006).

33) 공수자, "Newman의 실무연구 방법론을 근거로 한 성폭력 피해자의 건강 경험"(박사학위논문, 전남대학교, 2003).

34) 남순열, "한국인의 성폭력에 대한 태도 유형에 관한 연구"(박사학위논문, 한양대학교, 1999).

35) 이동임, "성폭력 범죄 치벌의 개선 방안에 관한 연구"(박사학위논문, 경상대학교, 2007).

면, 친구나 친척 또는 강간 위기센터에서 노출한 것은 피해자에게 도움이 되었으며 긍정적인 사회적 반응과 상관을 보였다.[36] 그러므로 성폭력은 조기에 노출하는 것이 피해자에게 도움이 되며 가까운 사람이나 성폭력 전문 상담자에게 노출하는 것이 도움이 된다는 것을 알 수 있다.

거도르프(Christiane E. Gudorf)는 4명의 소녀 중 1명, 9명의 소년들 중 1명이 성희롱을 당한다는 충격적인 통계에도 불구하고 사회는 무수한 방식으로 성폭력에 대해 관용적이므로 교회가 이러한 폭력의 발생에 대해 책임을 져야 한다고 주장하였다.[37] 폴링이 자유주의적 전통과 과정신학 전통에 서 있는 반면 거도르프(Christiane E. Gudorf)는 복음주의 전통의 입장을 취함으로 인해 사회 제도나 이데올로기를 분석하고 비판하기보다는 교회 및 교회의 선교적 입장에서 성폭력을 어떻게 이해하고 대처해야 할지를 설명하고 있다.

도어링(Carrie Doehring)은 성폭력 이후에 '방치(neglect)'가 주는 충격에 대해서 타라의 사례[38]를 통해 조사한 결과 방치는 단순히 심리 내적인 것이나 대상관계적인 것이 아니라 문화적인 것으로 서구, 백인, 중산층의 가부장 문화에 관해서 언급할 필요가 있음을 역설하였다.[39]

---

36) Sarah. E. Ulman, "Correlates and consequences of adult sexual disclosure", *Journal of Interpersonal Violence* 11, no. 4(1996): 554 – 571.

37) Christiane E. Gudorf, "The worst sexual sin: Sexual violence and the Church", *Christian Century January* 6(1993): 19 – 21.

38) 타라는 시숙에 의해 성적으로 공격을 당했다. 가족은 타라가 모든 사람의 선을 위해 그를 고발하지 말라고 압력을 넣는다. 그것은 결코 일어나지 않은 사건이 되기로 결정된다. 성폭력 이후 타라는 홀로 남겨졌다. 타라는 세 번의 꿈을 꾸고 이 꿈은 성폭력 이후 돌봄의 부재(the absence of caring)를 암시한다. 치유의 과정에서 타라는 그녀의 치료자를 공감하는 자로 체험하게 되었고, 그녀 자신에게 어떻게 공감적일 수 있는지를 배우게 되었다. 타라는 점차로 그녀의 치료사, 그녀 자신, 그리고 하나님과의 관계의 본질이 방치가 아닌 공감이라는 것을 체험하게 되었다.

39) Carrie Doehring, "The Absent God: When Neglect Follows Sexual Violence", *JPC* 47(1993): 3 – 12.

도어링은 타라의 사례를 대상관계 이론으로 분석한 후, 하나님의 역할을 담당한 상담자의 공감을 강조한다. 도어링은 폴링과 유사하게 성폭력 피해자들에 대한 정신분석과 대상관계적 접근을 하는 동시에 여성주의로 접근하였고, 폴링이 다루지 않았던 방치와 공감에 대한 부분을 자세히 다루었다.

여성주의 관점에서 고찰하고 있는 유진(Toinette M. Eugene)은 성폭력이 많은 아프리카계 미국 여성의 삶에 만연하지만 이들의 삶에서 적절하게 호명되지 못했음을 지적하며 성폭력에 대한 여성주의적 접근의 필요성과 여성주의적 영성에 대해서 강조하였다.[40] 유진의 여성주의적 전망, 정신 분석의 도용, 인종차별역사에 대한 연구 등은 폴링과 매우 유사하다.

필자는 국외 연구에서 교회가 여성 성폭력에 대해 적극적으로 나서야 한다는 복음주의의 주장을 적극 지지하고, 가부장 제도에 대해 비판하는 여성주의의 주장도 함께 수용하여 현재까지의 연구가 미비한 신학적 관점에서 그리고 여성 피해자의 입장에서 이 책을 기술하였다.

---

40) Toinette M. Eugene, "If You Get There Before I Do!: A Womanist Ethical Response to Sexual Violence and Abuse", *JITC* (1995): 91 – 113.

제3장 이론적 배경

제1절 성폭력

1. 성폭력 현황

한국 사회의 성폭력 현황은 현재 일어나고 있는 성폭력에 대해 가장 사실적으로 알 수 있는 자료가 된다.

1) 강간 범죄 신고 건수

한국에서 발생하고 있는 강간 범죄 신고 건수를 살펴보면 다음의 표와 같다.

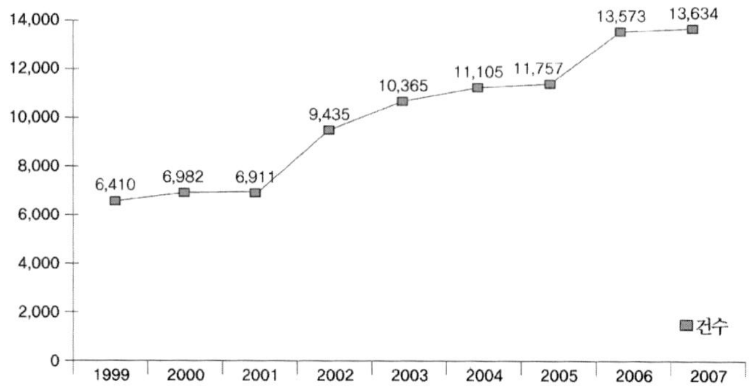

〈표 Ⅲ-1〉 강간 범죄 신고 건수(1999~2007)[41]

위 도표의 대검찰청 자료에 의하면 1999년부터 2007년까지 강간 사건은 계속 증가하고 있다. 2007년 한 해 동안 신고된 강간 건수를 기준으로 강간 발생률은 한 달에 1,136건, 하루에 37건, 한 시간에 1.6 건으로서, 신고되지 않은 사건을 포함할 경우에는 강간 발생 건수가 현저히 증가할 것으로 추정된다.

2) 강간 피해자 성별·연령별 현황

강간 피해자 13,415건 중 강간 피해자의 성별 분포는 여성이 12,718 건(94.8%)으로서 대부분을 차지하고 있으며, 연령별로는 성인 여성 피해자 중 21세에서 30세 사이의 연령대가 가장 많은 것을 알 수 있다.

---

41) 대검찰청, 50 - 51.

〈표 Ⅲ-2〉 강간 피해자 성별 · 연령별 현황[42]

(단위: 건(%))

성별 \ 연령별	20세 이하	21~30세	31~40세	41세 이상	총계
여	3,970(29.6)	4,956(37)	1,624(12.1)	2,168(16.1)	12,718(94.8)
남	197(1.5)	193(1.4)	138(1.0)	169(1.3)	697(5.2)
총계	4,167(31.1)	5,149(38.4)	1,762(13.1)	2,337(17.4)	13,415(100)

3) 강간 범죄자 직업 현황

강간 범죄자 직업 현황을 살펴보면 피고용자, 무직, 기타의 순으로 나타났다. 전문직에서는 단일직군으로 종교인과 의사가 가장 두드러지게 많았다. 종교인과 의사의 경우 전문직 남성과 여성 고객이라는 관계가 대부분이고, 고객이 전문직에게 정신과 신체의 취약점을 드러내는 특징이 있다는 것도 영향을 준 것으로 보인다.

〈표 Ⅲ-3〉 강간 범죄자 직업 현황[43]

(단위: 건)

전문직(252)					자영업자	피고용자	무직	기타	총계
의사	교수	종교인	예술인	기타					
40	11	43	16	142	1,610	3,679	2,229	1,766	9,536

4) 강간 범죄자 성별 · 연령별 현황

강간 범죄자의 성별 현황[44]을 살펴보면 강간 범죄자 총 9,337명 중 여자가 51명, 남자가 9,286명이다. 강간 범죄자의 연령별 현황을 살펴보면, 성인 31~40세의 연령이 가장 높게 나타나고 있다.

---

42) Ibid., 164-165.

43) Ibid., 248-251.

44) Ibid., 245.

<표 Ⅲ-4> 강간 범죄자 연령별 현황[45)]

(단위: 명)

20세 이하	21~30세	31~40세	41~50세	51세 이상	총계
905	2,173	2,489	2,305	1,295	9,176

5) 강간 범죄자의 종교

전체 강간 범죄자 중의 약 10%가 기독교인이다. 기독교 범죄자의 비중이 천주교 범죄자에 비해 상대적으로 높다.

<표 Ⅲ-5> 강간 범죄자의 종교 현황 [46)]

(단위: 명)

기독교	천주교	불교	원불교	천도교	기타 종교	무교	미상	계
926	187	855	10	13	489	4,723	2,429	9,632

6) 성폭력 피해자와 가해자와의 관계

성폭력 피해자와 가해자와의 관계를 살펴보면, 아는 사람이 1,392명(71.5%)으로서 현저히 높은 분포를 보이고 있으며 그중 직장 내의 관계가 490명(25.2%)으로 가장 많다.

<표 Ⅲ-6> 피해자와 가해자의 관계[47)]

(단위: 명(%))

아는 사람 1,665(85.5)											모르는 사람	미상	총계
친족, 친/인척 273(14.0)		직장내	친밀한 관계	채팅/소개로 만난 사람	동네 사람	서비스 제공자	초중고/대학	학원/유치원	주변인의 지인	기타			
친족	친/인척												
149 (7.6)	124 (6.4)	490 (25.2)	174 (8.9)	69 (3.5)	92 (4.7)	74 (3.8)	149 (7.7)	61 (3.1)	118 (6.1)	165 (8.5)	242 (12.4)	41 (2.1)	1,948 (100)

---

45) Ibid., 238-239.

46) Ibid., 312.

7) 피해자의 요구

성폭력 피해 여성들은 자신들에게 적합한 심리정서 지원과 가해자를 처벌하기에 용이한 법적 지원을 요구하고 있다.

〈표 Ⅲ-7〉 피해자의 요구[48]

(단위: 건(%))

분류	법적 지원	의료 지원	심리정서 지원	대응방안	피해보상 합의	쉼터 문의	기타
2006	1,292 (55.8)	154 (6.6)	1,516 (65.4)	157 (6.8)	5 (0.2)	24 (1.0)	76 (3.3)
2007	1,030 (52.9)	118 (6.1)	1,080 (55.4)	45 (2.3)	2 (0.1)	28 (1.4)	269 (13.8)
2008	550 (38.5)	78 (5.5)	586 (41.0)	395 (27.6)	80 (5.6)	–	81 (6.8)

2. 성폭력에 대한 이해

인간은 자신의 신체에 폭력을 당했을 때 아무 망설임 없이 즉시 신고하여 법의 보호를 받을 수 있다. 그러나 유독 인간의 은밀한 부분이자 소중한 신체의 한 부분이라고 할 수 있는 성을 매개로 한 폭력을 당했을 때, 그에 따른 반응은 그 사회의 성폭력에 대한 정의와 유의미한 관계가 있다.

기존의 심리학이나 정신의학 분야에서 강간 연구의 지배적 패러다임으로 존재한 '정신병리적 모델(psychopathology model)'은 성폭력의 발생 원인을 개인의 문제로 협소화시킴으로써 성폭력을 폭력적인 행위라기보다 일종의 성행위, 특히 성적 충동에 의한 일탈적 성행위로

---

47) 인터넷 주소: http://www.sisters.or.kr/index.php/subpage/pds/1[검색 2008년 10월 18일].

48) 인터넷 주소: http://www.sisters.or.kr/index.php/subpage/pds/1[검색 2009년 4월 18일].

간주하여 가해자의 행위에 대한 책임을 감소시켜 주는 측면으로 작용하였다.[49]

성폭력은 피해 유발 상황과 행위의 산물로 여겨지기도 했다. '상황비난모델'은 특정 상황에서 성폭력이 발생하는 경향이 있음을 주장하는 것으로 지나친 음주나 여성의 과대 노출 등이 그러한 특정 상황들에 속한다. '피해자에 의한 성폭력유발모델' 또한 성폭력을 개인적인 일이나 상황의 탓으로 돌려 사회문화적 맥락에 대한 분석을 간과하고 있다.[50]

여성주의는 성 차별적인 사회구조와 여성의 시각에서 피해의 경험을 파악한다. 또한 남녀 간의 권력 불균형이 존재하며 여성을 남성의 소유물로 정의하는 사회에서는 남성이 여성에게 성관계를 강요하는 태도가 일반적이다. 이런 사회에서 강간은 여성들을 지속적인 공포 상태에 두는 하나의 의식적인 겁주기 과정으로서 여성의 사회 참여를 방해하고 남성의 지배에 도전하는 기회를 차단하는 효과를 갖는다. 따라서 강간은 모든 남성이 모든 여성을 불평등한 상태에 묶어두는 하나의 사회적 통제 기제가 된다고 주장했다.[51]

성폭력에 대한 한국의 형법상 규정은 강간, 강제추행, 준강간·준강제추행, 미성년자·심신미약자 간음·추행, 업무상 위계 등에 의한 간음·강간 등이다.[52] 이러한 현행법은 성폭력 유형을 분리시켜 놓

---

49) Patrica Donat and John D'Emilio., "A Feminist Redefinition of Rape and Sexual Assault: Historical Foundations and Change", *Journal of Social Issue* 48, no. 1(1992): 9–12.

50) 이종인, "성폭력 이론들에 관한 비판적 고찰: 종족성 및 성 인지적 시각의 모색을 위하여", 비교문화연구 제12집 1호(2006): 150.

51) Susan Brownmiller, *Against Our Will: Men, Women and Rape*(New York: Simon and Shuster, 1975), 이종인, 158에서 재인용.

52) 형법 제297조, 298조, 299조, 302조, 303조.

음으로써 어떤 성폭력이 일어났을 때 전형적 성폭력의 유형에 해당되지 않는 많은 주변적 성폭력들이 법의 보호를 받지 못하는 결과를 낳고 있다. 이러한 결과는 여성의 이성애적 성관계의 경험이 동의 아니면 강간, 즉 둘 중의 하나가 아니라 선택에 있어서 압력, 강제 그리고 힘으로 나아가는 연속선상에 존재함을 간과하고 있다.[53] 또한 아직도 성폭력의 개념, 친고죄, 공소시효[54] 등과 같은 법제도상의 미비한 부분이 산재해 있다.

한국의 형법과는 달리 여성운동단체에서는 성폭력을 개인 여성의 '성적 자기결정권 침해'로 설명하고, '성기 중심의 폭행'이라는 좁은 의미보다 남성과 여성 간의 힘의 불균형에서 비롯되는 다양한 폭력을 포괄하는 '여성에 대한 폭력'[55]의 넓은 개념으로 해석하였다.

성폭력은 그 원인이 가해자의 정신적 이상이나 피해자의 성폭력 유발로 규정되어 어느 한 개인에게 그 원인이 집중되어서는 안 되며 사회구조 안에서 그리고 힘의 불균형이라는 측면에서 재해석되어야 한다.

이러한 점에서 여성주의를 간과하지 않으면서 목회 신학적인 관점에서 힘의 논리를 설명한 폴링의 '성 권력이론'은 유용하게 적용될 수 있다. 따라서 필자는 관계성에서 나타나는 힘의 남용에 대해 연구한 폴링의 이론을 소개함과 동시에 그의 이론을 적극적으로 수용하고자 한다.

---

53) 심영희 등, 『함께 이루는 남녀평등』(서울: 나남출판, 2002), 223.

54) 한국성폭력 상담소는 공소시효가 지난 성폭력 피해로 인한 어려움을 호소하는 경우가 올해만 150여 건에 이르며 이 중 30%는 지금이라도 법적 조치가 가능한 방법을 찾고자 문의한다고 하였다.

55) 1992년 성폭력 특별위원회 성폭력 관련 개념 정리를 위한 내부 워크숍 자료; 한국여신학자협의회 편, 『성폭력과 기독교』(서울: 여성신학사, 2000), 20에서 재인용.

제2절 폴링(James N. Poling)의 성(性) 권력이론

1. 성 권력의 논리

1) 힘과 힘의 남용

'성 권력이론'의 핵심개념은 성폭력에서 존재하는 힘의 남용(abuse of power)이 악이라는 것이다.

폴링이 의미하는 힘의 개념은 힘의 본성을 결정하는 '관계의 망(relational web)'에 의해서 조직되고, 개인의 힘은 관계의 망이 호의적이고 격려하는 분위기일 때 최고의 창조력을 발휘한다.[56]

내적 관계성을 체계화시키는 이상적인 형태(ideal form)의 힘은 '생명(life)' 그 자체이자 성적 에너지(erotic power or sexual power)이므로 성폭력(sexual violence)을 힘의 남용으로 보았다.[57] 힘의 남용에 대해 과정신학자인 루머(Bernard Loomer)는 '일방적인 힘(unilateral power)'이라고 부르며, 폴링은 이러한 일방적인 힘을 '악(evil)'이라고 하였다.[58] 폴링은 힘의 남용인 악에 대항하는 개인 및 집단의 저항을 희망의 원천(the source of hope)으로 보았고 이러한 희망의 원천을 힘의 구원(the redemption of power)이라고 지칭하였다.[59]

이와 같이 폴링이 말하는 힘은 관계의 망에 의해 조직되는 것으로 가장 이상적인 힘은 '삶' 즉 '생명' 그 자체이다. 이러한 힘이 일방적

---

56) James N. Poling, 24.

57) Ibid., 25.

58) Ibid., 28.

59) Ibid., 32.

으로 쓰였을 때 힘의 남용이라 부르며 이를 '악'이라 명명하였다. 이
상적인 힘과 힘의 남용은 생명과 악이라는 극적인 대칭 관계를 보여
주고 있다. 이상적인 힘은 생명 그 자체로서 창조성을, 힘의 남용은
악으로 기능하며 파괴를 가져올 수 있는 가능성을 짐작케 한다.

2) 성 권력의 조직화

폴링은 슈레버(Daniel Paul Schreber) 판사의 사례[60]를 통해 인간의
체험에서 힘이 어떻게 조직화되는지 살펴보았다. 슈레버 판사의 사례
는 개인, 가정, 사회, 신학에서 성 권력의 조직화를 살펴보는 데 좋은
참고가 된다.

(1) 개인에게 적용되는 성 권력의 조직화

프로이트는 판사 슈레버 사례를 분석한 후, 그를 망상분열증(paranoid
schizophrenia) 환자로 취급하였다. 프로이트의 슈레버 읽기는 슈레버
의 정신을 그 자체로 탐구하기보다 자신의 이론을 증명하는 관점에
서 슈레버의 망상을 해석하였다.[61] 그는 죽음의 본능을 발견함으로
써 개인 속에 생의 본능인 사랑의 힘과 죽음의 본능인 증오의 힘이

---

60) 폴링의 관심은 슈레버 사례 자체보다는 슈레버 해석의 역사였다. 그러므로 본 연구에서는 성 권력의 조직
   화에 초점을 맞추어 간략하게 각주에 서술한다. 판사 슈레버는 1903년에 『나의 신경병의 기억』이라는 책
   을 출간하였다. 여기서 그는 12년 동안 두 번 발병한 자신의 마음의 병을 기술하였다. 슈레버는 현대적
   병원에서 새로운 정신과학적 치료를 받았던 첫 세대이다. 판사 슈레버는 첫 번째 의원 선거의 패배, 두 번
   째는 보다 가중된 책임을 가지게 된 자리에 임명됨으로써 정신착란증을 일으켰다. 그의 기록에서 자기의
   고통에 대해 설명하였는데 그는 고통이 신의 박해에 인해서 야기되었고, 신이 신경에 접촉해서 자연 질서
   의 혼란으로 고통이 나오게 되었으며 이러한 혼란의 해결을 위해 자기 몸을 여자의 몸으로 바꾸어야 한다
   고 믿었다. 이러한 변화는 신과 슈레버의 통합을 가능하게 하여 새로운 인종이 태어나고 신과 세계 사이
   에 더 나은 조화가 있게 된다고 기술하였다. 자세한 내용은 Ibid., 75-76을 참조하라.

61) 신명아, "프로이트와 라깡의 슈레버 박사의 정신병 사례 비교: 아버지와 아버지의 이름", 『라깡과 현대
   정신분석』 1, no.1(1999): 29.

서로 결합되어 있어 성공적으로 분리할 수 없다는 결론을 내렸다.[62]

폴링은 힘이 개인의 인격 속에서 어떻게 조직화되는지에 대해서 발견한 프로이트(Sigmund Freud)의 공적을 인정하는 한편, 내부 심리에 치중하여 슈레버 사례를 사회적 관계 속에서 분석하지 못한 그의 한계를 지적하였다.

(2) 가정에서 성 권력의 조직화

권력이 어떤 제도에서든지 조직화되면 힘을 통한 학대가 이루어진다. 가정은 서구 문화에서도 큰 권위를 가진 제도이다. 가정에서 권력의 남용은 체계적인 물리적 성적 학대, 박탈, 비정상적 참견 등이 있다.

폴링은 가정에서의 성 권력이 어떻게 이루어지는지 니더랜드(William Niederland)의 연구를 주목하고 있다. 니더랜드는 판사 슈레버가 유명한 의사 다니엘 고트리브 모리츠 슈레버(Daniel Gottlieb Moritz Schreber)의 아들이라는 사실을 발견했다. 판사 슈레버의 아버지인 의사 슈레버는 건강과 자녀 양육에 대한 중요한 책을 저술하였고 니더랜드는 부친이 쓴 두 권의 책[63]을 통해 슈레버 가정을 연구하게 되었다.

니더랜드는 온갖 형태의 기계적 도구를 창안하고 주창한 아버지의 교육 방법이 어린 슈레버에게 상당한 외상을 입혔기 때문에 정신병으로 발달된 것이라고 논하였다.[64] 니더랜드에 따르면 판사 슈레버는 가정에서 일어난 아동 성학대의 피해자였던 것이다.

니더랜드와 샤츠만(Morton Schatizman)은 부친의 가학적 취급과 자

---

62) James N. Poling, 85-86.

63) The Book of Health와 Medical Indoor Gymnastics.

64) 신명아, 23.

녀의 정신병에 대한 상관관계를 하나씩 연구하여 판사 슈레버의 망상이 단순한 망상이 아닌 그 배후에 어린 시절 학대의 기억이 존재하고 있음을 밝혀 냈다.[65]

가족 내에서도 남자와 여자, 부모와 자녀 사이에 힘의 강자와 약자가 존재하며, 그 힘이 성에 대해 작용할 때 가정에서의 성 권력이 조직화되었다고 말할 수 있다. 가부장적 성 권력의 피해자였던 슈레버의 사례처럼 가부장적 가정은 힘의 남용이 나타나는 성 권력의 조직화된 모습이다.

(3) 사회에서의 성 권력의 조직화

슈레버 판사는 의사와 병원 관계자들이 그를 박해한다고 증언했다. 병원에서 의사들이 환자들의 공격성을 없애고 무력화시키기 위해 거세를 시행하거나, 모르핀이나 마취제와 같은 약물을 사용하는 것이 정신약리학의 입장에서 힘의 남용이라는 것이다.[66] 그 당시 의료진은 슈레버에게 심리적, 물리적으로 강제적이었으며 그의 상태를 '망상분열증(paranoid schizophrenia)'이라고 규정하고 병의 '직접적 원인'을 인식하는 데는 실패하였다.[67]

사회 기관의 제도는 힘의 상관관계로 구성되어 있고 기관 내에서 힘이 누군가에게 집중되었을 때 가부장적 힘의 남용 가능성이 제기된다. 슈레버 사례를 통해 병원뿐 아니라 학교, 교회, 직장 등과 같은 사회의 각 기관에서 성 권력의 조직화를 볼 수 있다. 병원에서는 의

---

65) James N. Poling, 79-80.

66) Ibid., 87-88.

67) Ibid., 122.

사와 환자 간에, 학교에서는 교사와 학생 간에, 교회에서는 목사와 신도 간에, 직장에서는 직장상사와 부하직원 간에 가부장적 성 권력의 조직화를 통한 힘의 남용이 작용하기에 용이하다. 사회제도에서 가부장적 힘의 남용은 힘의 구조에 의해서 심리적·물리적 강제성을 가질 수 있고, 사회의 가부장적 이데올로기는 인간 정신의 왜곡으로 가부장적 힘의 남용을 은폐하기 쉽게 만들어 영혼 살해(soul-murder)의 문화로 나타날 수 있다.

슈레버의 경우에도 가부장적 이데올로기에 의한 폭력은 매우 명백하다. 과학과 부친에 대한 사랑이라는 명목으로 슈레버의 어린 시절은 자신에 대한 권리를 잃었다.[68]

(4) 신학에서의 성 권력의 조직화

루시 브레그만(Lucy Bregman)은 판사 슈레버 사례를 통해 가부장적 신을 비판하고 슈레버의 가족과 문화에 만연했던 신의 이미지가 판사 슈레버가 당한 악과 고통에 공헌하였음을 주장하였다.[69]

그는 슈레버가 억압이라는 정체를 가진 신이 아니라 해방의 신을 찾았다고 증언했다. 이러한 증언은 세 가지 이유에서 그 의미가 있다.[70]

첫째, 가해자들은 명백히 그리고 함축적으로 신을 끌어들여서 자신들의 학대적 행동을 합리화한다. 둘째, 교회와 사회는 아버지-신의 상을 끌어들여서 부모의 아이, 남자의 여자에 대한 권위를 후원한다. 셋째, 피해자들은 신앙에 의해서 자비로운 신의 상(象)을 찾기가

---

68) Ibid., 88.

69) Ibid., 90.

70) Ibid., 154.

어려움을 호소한다.[71]

위와 같은 사실을 종합하여 보면 슈레버의 하나님 아버지와 인간 아버지의 두 상징은 사회, 가정, 개인적 관점에서 연결되어 있다. 슈레버 사례는 가부장적인 신, 즉 가부장적 사회와 가부장적 이데올로기 그리고 가부장적 가정의 인간 아버지에 의한 학대에 대해 고통받는 인간의 증언으로서 해석된다. 즉 사회의 가부장적 체제나 가부장적 이데올로기, 그리고 개인이 지니고 있는 가부장적 사고 그 자체가 힘의 남용이라는 것이다.

폴링은 전문적이며 학문적인 분과로서의 신학만이 아니라 피해자가 가질 수 있는 신 담론 일반을 신학이라고 하였다. 성 권력은 신 담론에 있어서도 조직화되어 있으며 폴링은 이를 신학에서의 성 권력의 조직화라고 불렀다. 신학에서의 성 권력의 조직화를 분석하는 것이 중요한 이유는 우선 가해자들이 명백하게 혹은 암시적으로 신을 끌어들여 자신들의 학대적인 행동을 합리화하고, 가해자들에 의해서 피해자들에게 왜곡되게 심어진 하나님 이미지는 피해자들에게 또 다른 고통을 주기 때문이다.

3) 성 권력의 작용

폴링은 인간 삶에서 고통을 생산하는 개인적·사회적·종교적 영역에서의 지배 구조에 초점을 맞추어 성폭력의 이론을 힘의 불균형에 의한 힘의 남용에 의해 발생한다고 보았다.[72] 또한 폴링은 가정, 사회적 제도와 이데올로기, 신학에 감추어진 힘의 남용에 대한 피해

---

71) Ibid.

72) Ibid., 20.

자의 증언을 들을 필요가 있으며, 동시에 피해자 증언의 저항 내용에서 폭로하는 잠재적 희망을 찾아낼 수 있어야 한다고 주장하였다.[73]

개인적인 면에서는 가해자의 힘의 남용에 대해 피해자가 심리적으로 어떻게 받아들이고 저항했는지, 피해자들이 얼마나 상처받기 쉽고 취약한지 파악할 필요가 있다.

가족 체계에서는 아이보다 부모가, 교회에서는 목회자가 힘을 가지고 있는 강자이다. 사회적으로는 권력을 가진 사람들이 존재하며, 사회 이데올로기적인 면에서는 가부장 제도나 인종적인 차이가 있을 수 있다.

종교적인 면에서는 하나님, 예수님, 성령님, 교회, 죄, 용서와 같은 신앙적 요소들이 피해자에게 방해물의 역할을 하기도 하고, 피해자의 치료에 있어서 유용한 자원으로 활용될 수 있다. 이것은 가해자에게도 동일하게 적용된다.

개인, 사회, 종교(신념)적 성 권력의 작용에 대해 필자가 이해한 내용을 도식화하면 다음의 <표 Ⅲ-8>과 같다.

---

73) 폴링의 개인 지도.

<표 Ⅲ-8> 성 권력의 작용[74]

취약성의 정도가 약함	피해자의 취약성	취약성의 정도가 강함
가해자의 힘의 남용에 대한 방해물로서의 기능	**개인** 저항 심리 **사회** 이데올로기 인종 문화 가부장 장애 이민 **종교** 기독교 하나님 예수 성령 교회 죄 용서	가해자의 힘의 남용에 대한 수단으로서의 기능

결국 가해자는 힘의 불균형 상황에서 피해자의 취약성을 이용하여 성 권력을 남용한다. 피해자의 취약성의 강약 정도에 따라 성 권력에서 개인, 사회, 종교의 요소들이 가해자의 수단으로 사용되기도 하며 가해자에게 방해물로 작용하기도 한다.

2. 악과 악에 대한 저항

1) 성 권력으로서의 악

진정한 악은 신체와 정신을 파괴하는 힘의 남용으로 볼 수 있다. 악은 부인되고 분열된 개인적 행동과 의도들에 의해서 생산된다. 악

---

74) 원문은 참고자료 Ⅱ를 보라.

은 경제적 힘과 제도, 이데올로기에 의해서 조직화되는 반면 필연성
과 진리에 대한 호소에 의해 신비화되고, 종교에 의해서 성화되는 반
면 미덕과 사랑, 정의에 대한 요구에 의해서 위장된다.[75]

신체와 정신에 대해서 파괴적이라는 말은 힘의 남용이 개인과 집
단의 감수성과 창조성을 파괴한다는 것을 의미한다. 신체와 정신을
파괴하는 힘의 남용인 악에 대한 이해는 폭력과 악의 연관관계 때문
에 특히 중요하다. 모든 악이 물리적인 폭력은 아닌 반면, 폭력은 악
으로부터 온다.[76]

악은 항상 실존과 은폐성이라는 이중적 구조를 가진다. 악은 선과
서로 뒤엉켜 있거나 선으로 그 자신을 가장하여 존속하는 카멜레온
이며, 삶과 사랑의 힘 이외에 다른 힘의 자원을 가지지 않기 때문에
선에 기생적(parasitic)이다.[77]

2) 악의 분류

악은 개인적인 악, 사회적인 악, 종교적인 악으로 구분[78]할 수 있
는데, 이는 힘의 조직화의 구조와도 유사하다고 볼 수 있다.

(1) 개인적인 악

폴링은 자신을 위해서 인간 삶의 관계적이고 창조적인 측면을 무
가치하게 여기는 '개인의 고의적 결정(the willful decision of an individual)'

---

75) James N. Poling, *Deliver Us from Evil: Resisting Racial and Gender Oppression*(Minneapolis: Augsburg
   Fortress Publishers, 1996), 110.

76) Ibid., 117.

77) Ibid., 119.

78) Ibid., 120 – 135.

을 악이라고 정의했다. 이후, 폴링은 악에 대한 개인의 고의적 결정에 있어서 의식적인 고의성과 무의식적인 고의성 사이에 행동과 의도의 의미가 무엇이고 차이점이 무엇인지를 구별하는 것이 필요하다며 그의 견해를 세분화하였다.[79]

악에 대한 이해를 위해 폭력에 초점을 맞춘다면 악이 개인적인 행동을 요구하는 것이 처음에는 명백해 보인다. 그러나 어떤 형태로 개인의 행동이나 의도가 악을 야기하는지 분명하지 않기 때문에 개인적인 행동과 의도를 분석하는 것에서부터 모든 개인적인 결정은 그 안에서 일어나는 결정의 망(a web of decision)으로 이동해야 한다.[80] 개별적이든 조직적이든 악은 그 존재를 위해 폭력적인 상황에서 반드시 다른 사람에 대한 물리적인 폭력에 참여해야 하는 개인적 행동을 필요로 한다. 상호 폭력적인 상황에서 어떠한 개인도 쉽게 그 시스템을 바꿀 수 없지만, 악한 시스템은 많은 사람들이 저항할 때 유지되기가 어렵다.[81]

폴링은 부모가 아이를 학교에 보내지 않거나 발달에 필요한 자원들을 박탈해 버리는 것, 방치시켜 두는 것이 정서적인 학대(emotional abuse)임을 논하고 있다.[82] 물리적인 힘을 행사한 것이 아니더라도 아이에 대해 강자의 입장인 부모로서 아이에게 행하는 정서적인 학대가 곧 악이라는 것이다.

악이 개인이라는 능동적 행위자(active agency)를 요구한다는 것은

---

79) Ibid., 120.

80) Ibid., 120-121.

81) Ibid., 121.

82) Ibid., 120.

인종 폭력과 성폭력의 상황에서 특별히 중요하게 된다. 상호적인 폭력은 '통제 밖(out of control)'이나 '정신이 나가서(out of my mind)' 하는 것이 아니다. 폭력은 개인이 특정한 이유 때문에 특별하게 행하는 선택이다.[83] 과정신학적인 사상에서 볼 때 악은 결국 개인의 능동적인 선택을 요구한다. 또한 악은 항상 직접적으로 책임이 없는 다른 사람들의 침묵의 공모(silent collusion)를 요구한다. 첫 번째 단계에서 악은 무로부터 아무렇게나 나오는 것이 아니라 오랜 기간 동안 주의 깊게 구성되고, 이렇게 구성된 악한 시스템은 많은 사람들의 협동을 요구한다. 두 번째 단계에서 악은 많은 사람들이 계속 참여하지 않으면 유지되기 어려운 특징을 가지고 있다.[84]

위의 내용을 살펴보면 개인적인 악은 결정의 망으로 이동하여, 개인적이면서도 사회적이라는 양면적 사실을 부인할 수 없지만 분명한 것은 개인적인 악은 개인의 능동적인 선택이라고 할 수 있다. 악은 침묵의 공모자에 의해 구성되며 침묵의 공모자들의 참여로 유지되는 것이다. 악에 대해 침묵하는 개인은 악의 공모자이며 침묵은 악을 유지하고 확장하는 데 도움을 주는 요소로 사용되므로 성폭력에서 가해자와 공모하는 침묵은 반(反)인간적 범죄라고 할 수 있다.

(2) 사회적인 악

일반적으로 높은 사회적 지위에 있는 사람들이 폭력을 경험했을 때, 사회는 보호와 방지와 치유를 위한 그들의 욕구에 대해 혼란스러워하지 않았고, 폭력을 유발했다고 피해자들을 비난하지도 않았다.

---

83) Ibid., 124.

84) Ibid.

그러나 사회적 약자[85]들에 대한 폭력은 때때로 당연한 것으로 여겼다.[86]

폴링은 오랫동안 폭력에 대한 교회의 반응을 지켜보면서 목사, 집사, 장로, 주일학교 교사, 그리고 교회 지도자들이 성적, 물리적 폭력의 피해자들인 아동의 고통을 들으려 하지 않는 것을 발견하였다.[87] 또한 사회적 악을 탐색하기 위해 현재의 경제 체제로부터 이익을 얻는 계급이나 집단의 존재가 무엇인지 경제적 분석을 요구하였고 법률, 관습 등에 의해 강화되는 여러 가지 규범과 역할, 가치 등의 사회 제도 속에 은폐된 악의 존재를 파악하도록 하였다.[88]

사회적 악을 분석하는 방법으로서 다음과 같은 네 가지 방법을 제시하고 있다.[89] 첫째, 악의 피해자의 구체적인 경험에 대해 해석학적인 특권을 부여하는 것, 둘째, 악의 실제성이 필연성의 환상과 합법적인 힘에 의해 신비화되므로 저항을 주제로 연구하고 묘사하는 것, 셋째, 억압을 연동시키는 체계로서의 인종, 젠더, 계층 가운데 은폐된 지배 구조를 분석하는 것, 넷째, 사회 분석은 지배 그룹의 권한 부여에 대한 정치적 책임을 요구함으로써 강화의 정치를 실재화하는 것 등이다.

위의 내용을 정리해 보면 사회는 사회적 강자가 피해를 입었을 경우 피해자를 비난하지 않고 사회적 약자에게 자행된 폭력은 당연시하며 교회 지도자 또한 피해자의 고통을 외면하는 경우가 많다. 궁극적으로 사회적 강자와 약자에 대한 사회적 인식의 차이는 사회 제도

---

85) 아동, 여성, 유색인종, 게이와 레즈비언, 장애인 등.

86) James N. Poling, *Deliver Us from Evil: Resisting Racial and Gender Oppression*, 125.

87) Ibid., 126.

88) Ibid., 126-127.

89) Ibid., 129.

내에서 사회적 약자에 대한 차별로 나타나며 이것이 바로 사회적인 악이다. 사회적인 악을 분석하는 방법은 피해자에게 해석학적 특권을 부여하고, 저항을 주제로 삼아 악의 환상을 벗기며 지배 구조를 분석하여 정치적 책임을 요구하는 것이다.

(3) 종교적인 악

폴링은 악이 개인 혹은 사회구조에서뿐만 아니라 종교적 믿음과 실행에 뿌리를 가진다고 보았다. 기독교에서 악은 예수 안에 나타난 하나님의 사랑과 능력에 대립하는 것처럼 보인다.[90]

폴링은 추상적인 미덕, 사랑, 정의와 같은 종교적 가면을 벗기기 위해서 비판적인 도구들을 개발해야 한다고 주장하면서 만일 교회의 신학이 여성과 아동의 폭력을 증진시키는 친가족적인 태도(pro-family)와 입장을 고수한다면 교회의 신학에 도전해야만 한다고 논하였다.[91]

종교적 악은 어려운 주제이다. 믿음의 사람들은 악으로부터 자신을 보호함에 있어 종교적인 시스템에 의존하고, 내부적·외부적 악에 대항하는 종교적 방패막이의 결핍을 두려워하기 때문에 종교적인 악을 폭로하는 것은 어려운 선택이다.[92] 종교적인 악은 종교 집단의 신학과 종교적 실천이 신체와 정신에 파괴적일 때마다 발생하므로 종교가 악의 가면의 역할을 할 때, 종교가 악을 정당화할 때, 신학의 쇄신이 요구된다.[93]

---

90) Ibid., 132.

91) Ibid.

92) Ibid., 133-134.

악은 우리의 무지와 이기심을 기반으로 하나님에 대한 경험은 물론 타인과의 관계 형성을 통해 삶의 질을 높이는 자유를 구속하고 제도와 이데올로기, 그리고 종교적 힘에 의해서 악이 조직화된다.[94]

과정 신학 내에서 파괴를 지향하는 악의 구조들은 지배의 적극적 시스템들이며 이들은 무관심과 무지하게 자기 이익에만 관심을 두는 환경에서 성공적으로 가동된다.[95]

위에서 살펴본 바에 의하면 '악'이라는 말 자체가 종교적이다. 종교적인 악은 신체와 정신을 파괴하는 악의 성질을 가지고 있을 뿐만 아니라 영혼을 파괴할 수도 있는 고차원적인 부분을 지니므로 민감하게 다루어져야 할 것이다. 종교적 악이 가장 폭로하기 어렵다는 말은 교회 내 성폭력에서의 특징인 은폐의 용이성과 해결의 어려움을 뜻한다고 할 수 있다.

3) 저항

(1) 악에 대한 비폭력적인 저항의 이야기(narrative)

필자는 '도라의 이야기'[96]를 저항에 초점을 맞추어 다루고자 한다.

도라의 효과적인 저항은 침묵이었고, 때때로 비웃음을 통해 저항했으며 K 씨의 뺨을 치고 달아나는 행동적인 저항의 모습을 보였다.[97] 도라가 K 씨를 좋아했다는 결론을 내리고 싶었던 프로이트는

---

93) Ibid., 134.

94) Ibid., 114.

95) James N. Poling, 윤소정 역, "Gender, Violence and Process Theology"(이화여성신학연구소 2008 국제 석학초청강연회, 2008년 5월), 27.

96) James N. Poling, *Deliver Us from Evil: Resisting Racial and Gender Oppression*, 20 – 40.

97) Ibid.

도라의 침묵으로 인헤 분석을 진행시킬 수 없있다.[98]

프로이트는 도라의 성적 환상들, 자위행위, 야뇨증, 구강성교, 동성애에 관한 관심 등을 근거로 남자를 좋아했기 때문에 도라의 노(no)를 예스(yes)라고 주장했다. 이것을 폴링은 우회로(detours)라고 표현한다. 이런 우회로를 통해 프로이트는 도라를 압박했다.[99]

도라와 프로이트에 대한 폴링의 평가를 살펴보면 프로이트는 세계적인 학자로서 자신이 도라를 다룸에 있어 실수를 면제받았지만 도라는 계속 상처 속에서 고통을 받고 피해자로 남게 된다.[100] 폴링은 프로이트가 마음을 열고 사실을 털어놓은 도라를 배신했고, 도라의 안전보다는 도라의 성적 환상에 관심이 많았으며 가족의 역동보다는 성욕에 초점을 맞추었음을 비판하였다.[101]

성폭력을 낳은 가부장 사회의 방식으로 분석을 진행했던 프로이트 또한 악의 체계 속에 있었던 것이다. 세 명의 가부장적 제도의 틀에 둘러싸인 도라의 이야기는 슈레버의 사례와 마찬가지로 지배적인 이데올로기를 해체하고 악에 대해 저항한 승리자의 이야기로 재구성되어야 한다.

도라를 둘러싼 인간관계의 구조를 도식화하면 다음과 같다.

---

98) Ibid., 24.

99) Ibid., 22.

100) Ibid., 24.

101) Ibid., 20.

<표 Ⅲ-9> 도라의 저항

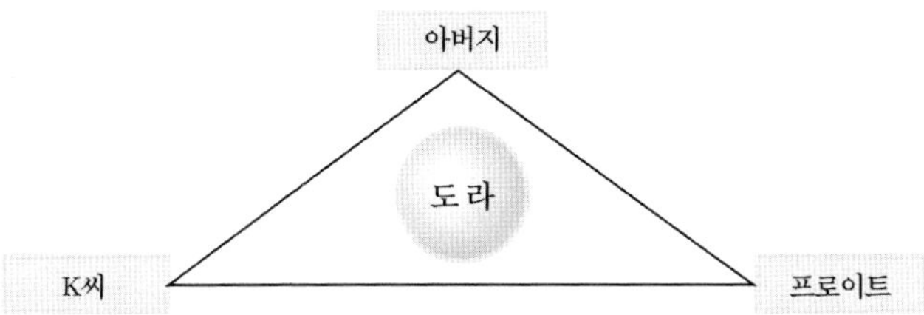

도라는 그녀를 존중하지 않는 아버지에 대해 아버지의 비밀을 폭로함으로 저항하였고, 그녀를 성희롱한 K 씨에 대해서도 사실을 고백하게 만듦으로 저항했다. 프로이트는 그의 이론에 맞추어서 그녀를 조종하려고 했으나 도라는 프로이트에게 거절로써 저항했다.

필자는 본 연구에서 피해자의 저항에 초점을 맞추어 악의 실체를 파악하고자 하였고, 이에 대해 폴링은 악에 대한 저항을 <표 Ⅲ-10>으로 도식화하여 설명하였다.

<표 Ⅲ-10> 악에 대한 저항102)

	악(evil)	저항(resistance)
피해자	억압당함(oppression) 정복당함(being dominated) 죽음(death)	행동(behaviors) 태도(attitudes) 삶(life)
가해자	힘을 사용할 권리(my right to power control)	변화의 희망(hope for change)

가해자의 힘이 남용되었을 경우, 피해자를 억압하고 정복하며 죽음에 이르게 하는 악으로 기능하게 된다.

피해자가 악에 대해 행동이나 태도로 저항하는 것이 바로 저항적

---

102) 폴링이 개인 지도 중 작성한 표이다. 원문은 참고자료 Ⅲ을 보라.

인 삶이며, 개인적 악의 주체인 가해지 또한 폭력에 대한 분명한 책
임감을 느끼고 변화를 시도하는 모습을 보여야 할 것이다. 피해자의 저
항의 태도나 행동은 '성 권력이론'에서 매우 중요한 요소로 작용한다.

(2) 저항의 본보기 예수

예수의 이름은 수 세기 동안 인종적, 성(gender)적 억압의 지지를 위
해 사용되어 왔다. 즉 인종차별주의나 가부장주의와 같은 이데올로기
적 악을 승인하는 종교 기능을 수행해 왔던 것이다. 이에 대해 폴링
은 여성 신학과 아프리카계 미국인들의 신학을 수용하면서 예수를
악에 대한 저항자로서 재이미지화(re-imaging)하고 있다.[103]

여성신학과 아프리카계 미국인 신학은 '억압받는 자들에게 힘을
주고 생존과 자유, 풍성한 삶의 안전한 공간을 창조하는 대안적 예수
의 이미지'를 제시하였다.[104] 예수는 종교적 저항자(religious resister)로
서 하나님과 인간의 근본적인 속성이 악에 대한 저항이라는 사실을 드러
내고 있다.[105]

하나님과 예수의 타자성과 모호성을 강조한 폴링은 다양성과 모호
성으로서의 하나님과 자아의 사랑과 힘을 받아들이는 능력이 악에
대한 저항의 가능성을 창조한다고 하였다.[106] 그는 예수의 삶이 도덕
적 모호성으로 환원될 수 없는 '하나님의 타자성(God's Otherness)'의
실존을 증언한다고 하였다.[107]

---

103) James. N. Poling, *Deliver Us from Evil: Resisting Racial and Gender Oppression*, 132.
104) Ibid., 149.
105) Ibid., 157-159.
106) Ibid., 160.
107) Ibid., 157-174.

4) 피해자의 심리적 현상

성폭력 피해자들은 자기에게 무엇인가 잘못되었고, 상실되게 느껴지는 어떤 감각(sense), 자기 내부의 깊은 곳으로부터 유래하는 어떤 불편함이 있음을 증언하고 있다.[108] 이것은 성폭력의 경험이 단순한 경험으로 잊히는 것이 아니라 평생 수반되는 기억의 지속을 통해 파괴되거나 결함 있는 자기를 구성하기 때문이다.

(1) 관계적 자기

타인과의 관계성이 자기의 경험에 내재되는 것을 자기의 민감성이라 한다. 민감성은 부자간의 관계와 같은 학대의 불균형화된 힘을 실재화시키지만 새로운 관계를 내재화하면 학대의 결과 중 어떤 것이 극복되게 만들기도 한다. 즉 새로운 관계성이 사랑으로 이루어지고 강력해진다면 피해자들은 예전의 외상을 치료하고 새로운 자기를 형성하여 새로운 의미를 창출하게 된다는 것이다.[109]

자기의 창조성이란 우리가 타인에게 반응하여 매 순간마다 새로운 느낌을 만들어 냄으로써 타인에게 기여하는 것을 의미한다. 이러한 창조성은 자유의 원천이며, 인간 자신과 타인의 미래에 영향을 주는 제한적 능력을 인간에게 부여한다.[110] 이러한 민감성과 창조성은 자기의 양극에 동시에 발생하며 이 두 가지 요소의 상호 작용 리듬은 인간 경험의 기초를 이룬다.[111]

---

108) James N. Poling, *The Abuse of Power: A Theological Problem*, 93.

109) Ibid., 98-99.

110) Ibid., 97-98.

111) Ibid., 98.

요약하면 민감성과 창조성 사이의 상호작용을 통한 리듬은 내재화와 극복의 과정이다. 민감성은 힘의 불균형한 관계를 내재화시키지만 창조성은 새로운 관계의 경험을 추구하여 새로운 관계성, 특히 강력한 사랑의 새로운 관계성이 내재화되면 과거를 단계적으로 평가 절하하여 극복하는 기초적인 힘으로 작용된다는 것이다.

(2) 건강한 자기

건강한 사람들의 내재화 과정을 건강한 자기로 도식화하면 아래의 표와 같다.

〈표 Ⅲ-11〉 건강한 자기의 내적 구조[112]

112) 원문은 참고자료 Ⅳ를 보라.

건강한 자기가 지니는 내부적 구조에서 건강한 의식은 목표 설정과 함께 한계 설정의 통합된 구조를 가지고 있으며 자기 이상과 한계가 현실적으로 적절하게 조화를 이룰 때 건강한 의식을 창출하고 실현할 수 있다.

건강한 애착은 홀로 있음과 타인과의 친밀감이 통합되고 균형 잡힌 모습이라고 할 수 있다. 그리고 건강한 애착이란 현실 속에서 홀로 있을 수 있는 능력, 대상과 융합되지 않으면서 분리되지도 않고 동시에 현실을 외면하지 않는 능력을 말한다.

자존감은 긍정적이고 자기에 대한 지지적 느낌들로서 긍정적인 자기에 대한 확신과 비판적인 자기와의 균형을 이룰 때 건강한 자존감을 가질 수 있다. 적절한 공격성은 인간 삶의 창조적인 에너지로 변환되어 다양한 형태의 삶의 요소들을 창출해 내고 자기를 적절하게 보호하며 타자에게도 그렇게 할 수 있는 에너지가 될 것이다. 건강한 자아는 생각과 행동이 조화된 통합의 형태이다.

(3) 파편화된 자기

학대받은 사람들의 내재화 과정을 파편화된 자기로 도식화하면 다음의 표와 같다.

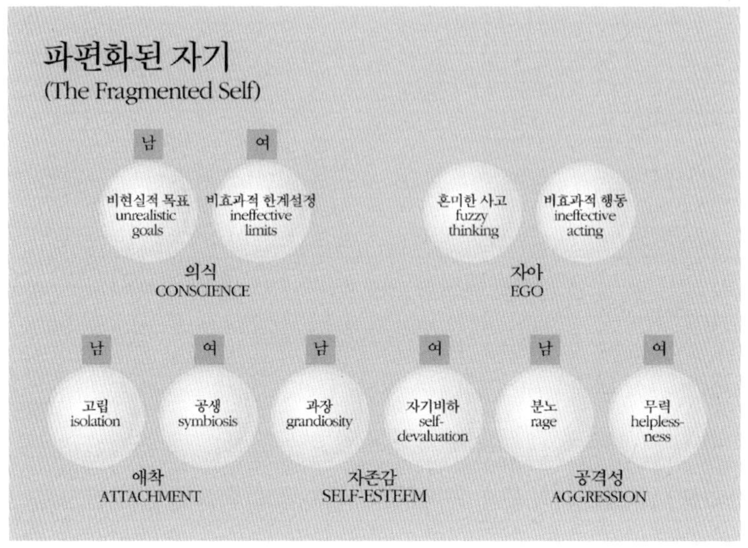

파편화된 애착은 고립과 공생으로 분열되며 남성은 고립되는 경향이 있고 여성은 관계에 지나치게 포함되는 공생의 경향이 나타난다. 공격성은 분노와 무력함으로 분열되는 경향이 있다.

파편화된 자존감은 과장과 자기 비하로 분열되는 경향이 있다. 과장은 타인과의 관계에서 현실적으로 평가할 수 있는 능력이 손상된 자기의 국면으로 그것은 자기의 기능과 능력을 과대평가하는 경향을 띤다. 여성에게 주로 나타나는 자기 비하와 남성에게 주로 나타나는 과장은 발달장애에서 나타나는 전형적인 모습이다.[114]

현실적인 목표와 한계를 설정하는 초자아 기능의 손상은 파편화된

---

113) 원문은 참고자료 V를 보라.

114) James N. Poling, *The Abuse of Power: A Theological Problem*, 106-108.

의식에서 비현실적인 목표와 비효과적인 한계 설정으로 분열되며 자아는 혼미한 사고와 비효과적인 행동으로 분열된다.

(4) 모호한 자기

모호성이란 치유 과정에서 성장하는 자기의 형성에 꼭 필요한 구성 요소로서 모호한 와중에서 살아가는 능력이다.[115] 성폭력으로 인해 잃어버린 자기를 찾기 위한 과정에서 반드시 필요한 범주이며, 희망의 발랄함이 나오기 위해서는 자기 안에 있는 타자성의 모호함, 전이와 분리의 모호한 긴장, 선과 악 사이의 모호한 긴장과 같은 모호성에 직면해야 한다.[116]

모호함의 더 깊은 층위는 선과 악이 인간의 삶에서 분리될 수 없다는 것과 악이 결코 한 사람의 인생에서 제거될 수 없다는 깨달음이 함께 온다는 사실에 있다. 피해자들은 이러한 현실을 고통스럽게 회상하고, 그들 중 많은 사람들이 어린 시절 학대의 압도적인 고통에 대해 비밀스럽게 대처한다. 그러나 그들이 발견하게 되는 것은 그들이 과거의 고통을 억압했던 정도만큼, 현재의 생활과 창조의 능력을 파괴한다는 것이다.[117]

자기 내부에 있는 타자성은 자기(self) 형성의 필수 구성 요소로 하부의식(subconscious)이나 무의식(unconscious)을 의미한다.[118]

성폭력의 피해자에게 자기의 전이는 모호성과의 싸움이며 전이의

---

115) Ibid., 110-111.

116) Ibid., 111.

117) Ibid., 117.

118) Ibid., 112.

시간은 일종의 심리적 죽음이다. 그것은 자기가 생존할 어떠한 보장도 없는 파편화된 상태로 자기 자신이 들어가도록 허락하는 것이다.[119]

성폭력 피해자에게 나타나는 파편화된 자기의 분열은 자연스러운 현상이라 할 수 있으며, 이것은 전이의 시간에 직면하게 되는 모호한 자기를 거쳐 건강한 자기의 내적 구조를 이룰 수 있다. 또한 민감성과 창조성에 의한 새로운 관계는 관계적 자기를 가지게 하여 건강한 대인관계를 형성하도록 한다.

3. 성 권력의 신학적 견해

1) 힘의 하나님

하나님의 힘은 하나님의 창조적 행위에서 의도된 것으로서 힘은 생명 그 자체와 동의어이다. 그러므로 하나님의 힘은 풍부한 생명을 위해 끊임없으며 더 많은 것, 더 깊음과 넓음, 더 아름다움을 위한 열정에 의해서 특정 지어진다.[120]

구약 성서는 힘의 남용에 관해서 혼동된 메시지를 전해 주고 있으며 이러한 상황 아래에서 하나님의 역할 역시 모호하다고 볼 수 있다.[121]

신약성서는 인간의 폭력을 강력하게 비난하며[122] 기독교의 사랑은 여성과 아동들에 대한 성폭력의 가능성을 제거한다. 그러나 사랑에 대한 명백한 강조에도 불구하고 신약성서에 대한 많은 가부장적 연

---

119) Ibid., 116.

120) 박중수, "힘의 남용에 대한 목회 신학적 이해", 『신학과 목회』 25(2006): 100.

121) James N. Poling, *The Abuse of Power: A Theological Problem*, 155 – 166.

122) Ibid., 166.

구가 여성을 억압하는 것으로 결론이 났다. 여성들더러 남편에게 복종하라고 지도하며 교회에서 조용하라고 명하고 많은 문제에서 남성들과 차별한다.[123)]

성폭력은 단지 병리적인 개인이나 억압적인 사회 제도와 이데올로기의 기능에 국한되는 것이 아니다. 왜냐하면 그것에는 하나님의 이미지와 신학의 내포적인 윤리적 규정이 숨어 있기 때문이다.[124)]

치유의 이야기에서 피해자들은 긍정적인 삶을 위하여 사랑의 하나님을 찾지만 종교적인 혼란을 보고한다. 이러한 혼란은 가해자들이 그들의 행동을 정당화할 때 하나님을 사용했기 때문이다. 피해자들은 또한 기도와 명상에 있어서 혼동을 증언하며 하나님의 은혜로운 이미지를 발견하는 데 어려움을 겪는다.[125)] 성폭력의 피해자들은 학대하지 않는 하나님의 이미지를 찾는다.[126)]

관계론적인 하나님 이미지에 따르면 존재하는 모든 것은 하나님의 경험 안에 포함된다. 그러한 포괄성의 고통을 통하여, 선과 악의 모순은 양립적인 대조로 전환되고 관계적인 망은 자기 파괴를 넘어 재창조로 나아간다. 이것은 성폭력 피해자들이 하나님의 경험에 포함된다는 것을 의미한다.[127)]

기독교인의 경건한 생활에서 발견되는 고난의 영광이 실제적으로 침묵의 고통을 증가시켰음을 부인할 수 없다. 그러나 일부 억압받는 집단들에 예수 죽음의 고통은 해방을 향한 지속적인 투쟁의 영감이

---

123) Ibid., 167 – 168.
124) Ibid., 154 – 155.
125) Ibid., 153.
126) Ibid., 168.
127) Ibid., 175.

되기도 하였다.[128)

관계적이고 모호한 하나님의 개념에서 하나님의 힘은 모호함의 한 가운데 있는 정의에 대한 회복할 수 있는 희망에 의해서 측정되고, 하나님은 피해자들의 정의에 대한 회복할 수 있는 희망 안에서 현존한다. 따라서 피해자들의 회복은 하나님의 회복하는 힘에 대한 증언인 것이다.[129)

피해자들과 함께한 작업에서 하나님에 대한 내적인 연구에 근거한 폴링은 "관계적이고 모호한 하나님의 사랑과 힘은 충분하며 우리가 이러한 하나님을 예배하는 것이 가능하다"라고 증언하였다.[130)

성폭력 피해자들은 하나님 이미지와 기도, 명상 그리고 성서의 혼동된 메시지와 같은 종교적인 요소로 인하여 어려움을 겪고 있다. 이에 대해 폴링은 모호하고 포괄적이며 관계론적인 하나님에 대해 개정된 이해를 통한 신학적 대안이 필요하다고 주장하였다.

2) 사랑의 공동체

폴링은 교회가 가져야 할 5가지 특징을 포용적 사랑(Inclusive Love), 사랑의 정의(Loving Justice), 악에 대한 비폭력적인 저항(Nonviolent Resistance to Evil), 다양성과 통일성(Multiplicity and Unity), 모호성과 선(Ambiguity and Goodness)으로 언급하였다.[131) 그는 이러한 5가지 특징을 가진 사랑의 공동체를 제안하여 피해자와 피해를 극복한 생존자, 가해자 그

---

128) Ibid., 175-177.

129) Ibid., 177-180.

130) Ibid., 181-182.

131) James N. Poling, Brenda Consuelo Ruiz, and Linda Crockett, *Render Unto God: Economic Vulnerability, Family Violence, and Pastoral Theology*(St. Louis, MO: Chalice Press, 2002), 201-212.

리고 제3자들이 공동체에서 함께 안전하게 살 수 있는 방법을 모색하고 있다.[132]

사랑의 공동체가 가져야 할 5가지 특징은 다음과 같다.

첫째, 포용적 사랑은 불의한 이유로 인간 사회로부터 배제당한 사람들에게 적용되는 실천적인 가치이므로 이미 지배 집단의 지도자로 있는 사람들이나 불의 때문에 특권을 받은 사람들에게는 포용을 호소하기 어렵다. 포용적인 공동체는 가난한 사람들과 폭력의 희생자들이 그들의 고통을 말할 수 있도록 배려하고 격려하는 개방적 성격을 가지게 된다. 이러한 개방성은 개인적 공포체험에 현실성(reality)을 제공하고, 이후의 학대로부터 보호를 제공한다.[133]

둘째, 사랑의 정의가 존재하는 교회는 폭력과 가난의 희생자들에 관한 이야기를 믿으며, 그들이 필요로 하는 보호와 치유의 자원을 제공한다. 또한 폭력과 불의의 가해자에 대한 책임감을 가지고 있음으로 인해 힘의 남용에 의해 개인이 상처를 입었을 경우 정의를 위한 기초를 제공하는 것이다.[134] 이처럼 사랑의 공동체는 사랑의 정의와 책임을 특징으로 갖는 반면, 불의한 공동체는 특권과 지배를 기초로 힘을 조직한다.[135]

셋째, 악에 대한 예수의 비폭력적 저항은 비폭력을 통한 저항이 하나님과 인간의 근본적인 속성이라는 것을 드러내고 있다. 기독교 교회는 오늘날 악에 대한 비폭력 저항을 수행하도록 부름받고 있으며,

---

132) James N. Poling, "Gender, Violence and Process Theology" 23.

133) James N. Poling, Brenda Consuelo Ruiz, and Linda Crockett, *Render Unto God: Economic Vulnerability, Family Violence, and Pastoral Theology*, 204.

134) Ibid., 206–207.

135) Ibid., 205.

많은 형태의 운동들이 악한 체계에 도전하고 있다.[136] 악에 내한 저항은 반드시 비폭력적이어야 하는데 그것은 해결책으로 폭력을 주장하는 것보다 불평등과 불의의 상징적인 세계에 대한 도전을 목적으로 해야 할 것이다.[137]

넷째, 신적인 생명과 인간적인 생명의 근본적인 속성으로 다양성과 통일성을 들 수 있다. 다양성은 통일성과 친밀성으로 환원될 수 없는 타자성의 존재이고, 통일성은 믿음과 용기에 의해 조화되는 대조와 모순의 복잡한 결합체(nexus)이다.[138] 다양성은 교회가 타자성 및 차이와 대결하고 있는 가치로서 사람들 사이에 모순과 반대가 있으면 쉽게 하나가 될 수 없으므로 오직 성력의 능력을 통해서만 수행될 수 있다.[139]

다섯째, 하나님의 사랑과 능력은 선악에 대한 인간의 구성으로는 파악될 수 없는 도덕적 모순을 포함하기 때문에 인간에게는 모호한 것이다. 모호성은 힘을 가진 자들에 의해 도저히 공유될 수 없는 타자의 도덕성 존재로 자신의 억압을 정당화시키려는 모든 힘의 구조들에 반하는 심판에 참여한다.[140] 선은 실재적인 공동체의 실천 내에서 조화되는 진리와 사랑이라고 볼 수 있다.[141]

폴링은 과정신학, 여성신학 그리고 해방신학자로서 성폭력 현장을 신학적인 관점으로 접목시킴으로써 사회 이데올로기뿐 아니라 교회

---

136) Ibid., 207.

137) Ibid., 208.

138) Ibid., 209.

139) Ibid., 210.

140) Ibid., 210-211.

141) Ibid.

가 종교적으로 억압할 수 있는 부분이 있음을 환기시켜 주었다. 그러
나 필자의 신학적 관점으로 보았을 때 과정신학은 현대신학으로서
조직 신학자의 검토가 필요하기에 과정신학 부분은 유보로 남겨 두
고 싶다.

제4장 개인별 질적 연구

제1절 참여자의 일반적 특성

참여자의 일반적 특성을 참여자의 종교, 성폭력의 지속성, 성폭력 사건에 대한 재판 유무, 형법상 적용되는 범죄 유형, 참여자의 출생 연도, 결혼 유무, 사건 발생 나이, 그리고 가해자의 직업으로 분류하여 아래의 <표 Ⅳ-1>로 정리하였다.

〈표 Ⅳ-1〉 참여자의 일반적 특성

연구 참여자	종교	성폭력의 지속성	재판유무	가해자의 범죄유형	출생 연도	결혼 유무	사건발생 나이	가해자 직업
참여자 1	기독교	지속적	○	위계에 의한 준강간	1969	기혼	35	목사
참여자 2	기독교	지속적	○	위계에 의한 간음	1964	기혼	39	목사
참여자 3	기독교	지속적	×	위계에 의한 준강간	1967	이혼	20	목사
참여자 4	기독교	1회	○	위계에 의한 준강간	1982	미혼	21	목사

제2절 참여자의 개인별 분류

개인별 분류는 대주제에 따른 분류, 힘의 남용, 개인 심리 그리고 해석학적 구성의 네 부분으로 나누어져 있다. 대주제에 따른 분류에서 사건의 개요는 참여자의 사건을 필자가 요약 정리한 내용이며, 해석학적 구성은 필자의 언어로 해석한 내용이다. 참여자의 언어에서 추출한 내용은 참여자의 언어를 그대로 서술하였다.

1. 참여자 1

1) 대주제에 따른 분류

(1) 사건의 개요

결혼 전부터 이○○ 목사의 교회에 다닌 참여자 1은 결혼한 지 11년째인데 아기가 없는 것을 늘 부담으로 여기고 있었다.

2005년 9월, 참여자 1의 어머니는 병원에서 폐암 3기라는 진단과 함께 1년의 시한부 삶을 선고받게 되었다. 참여자 1은 이○○ 목사가 어머니가 병원 치료를 받으면 1년 살고, 기도원에서 기도 요양하면 5년은 보장하겠다는 말에 어머니와 전기도 들어오지 않는 기도원에 가서 생활하게 되었다.

2005년 10월의 어느 날 예배 후, 참여자 1은 오늘은 특별 안수를 해 줄 테니 내 기도처로 올라오라고 하는 이○○ 목사의 부름에 아무런 의심 없이 기도처에 가게 되었다. 이○○ 목사는 참여자 1에게 너의 몸 상태가 어떤지 알아야 하니 의사에게 환부를 드러내는 것처럼 옷을 벗고 누우라고 한 후, 머리부터 시작하여 젖꼭지와 배꼽에 안수를 하고 음부 색깔을 봐야겠으니 눈감고 기도하라고 하며 기도하는 과정 중에 성폭행하였다.

참여자 1은 아무런 생각 없이 당한 일이라 어떻게 받아들여야 할지 혼돈이 되었으나 이○○ 목사가 다른 여성 신도도 난소 수술로 둘째 아이를 낳기 힘들었는데 안수기도를 받고 둘째 아기를 낳았다고 이야기하면서 의식으로 여기라고 하여 받아들이게 되었다.

이후로도 이○○ 목사는 참여자 1에게 수시로 성추행하였고, 계속된 이○○ 목사의 성추행으로 안수 기도의 행위가 의식이 아니라 성폭행이었다는 자각을 하게 되었다. 그 시기에 참여자 1은 같은 교회에 다니는 올케가 기도원에서 기도하는 도중 이○○ 목사에게 강간 당했다고 하여 같은 입장의 피해자들과 함께 이야기를 나누게 되었고, 이○○ 목사의 파렴치한 행위에 많은 충격을 받았다.

참여자 1은 10년 넘게 이○○ 목사를 하나님처럼 생각하고 섬기다 보니 막연한 두려움을 느꼈으나 교회를 나온 피해자들과 힘을 합해 이○○ 목사를 형사 고소하여 확정 판결에 이르게 되었다.

(2) 저항의 내용

> "처음엔 옷을 벗고 누우라고 하는데…… 너무 어떻게 이거를 순수하게 받아서 순종을 해야 하는 건지 아니면 거기서 뭐라 해야 되는 건지 순간 혼돈이 와서 움찔했다."

> "얼떨결에 아무런 생각 없이 당한 일이라서…… 그러고는 일어나서 옷을 주섬주섬 챙겨 입고 이걸 어떻게 받아들여야 할지 너무 혼돈이 오니까……"

"그냥 무언으로 나도 같은 처지라는 느낌만 주었죠. 그 후 우리가 셋이 앉아서 모두 똑같은 일을 당했구나! 셋이서 충격이 커서 그 후 매일 만나는 거예요. 도대체 어떻게 할까? 내가 자꾸 김○○랑 같이 다니고 사람이 많은 때만 교회를 다니고……."

"식구들이 다 알아서 교회 나와서 이거를 법으로 고소를 해야 할 것이냐, 조용히 덮고 살 것이냐, 어떨 것인가 고민하다가 한 교회에서 다 이렇게 당했으니 남아 있는 사람도 온전한 사람이 없을 거라는 생각이 드는 거예요. 그렇게 생각이 들어서 셋이서 창피 무릅쓰고 한번 싸워 보자! 그래서 뒤늦게 고소장 넣고서 여기까지 온 거예요."

참여자 1은 종교적 의식이라는 거짓말에 속아 넘어가기 전에 움찔하는 비언어적인 저항을 보인다. 이런 움찔함은 이○○ 목사에 대한 의구심이며, 혼돈이 왔다는 것은 그동안 이○○ 목사에게 가지고 있던 믿음에 균열이 생겼음을 의미한다. 이러한 작은 행동은 저항의 시발점이 된다.

참여자 1의 저항은 이○○ 목사와의 일대일 관계를 피하고, 피해자들끼리 모여서 이야기하며, 교회 비밀로 유지되던 성폭력 사건을 식구들에게 알려 지지세력을 모으고, 마침내 이○○ 목사를 형사 고소하는 형태로 발전하게 된다.

(3) 치유의 경험과 방해

(a) 치유의 경험

"그때에 느끼는 게……. 그래 이건 아니다. 처음에 하는 것으로 그냥 의식에서 끝나 버리면 되는데 계속 난잡하게 대해 버리니까 그게 의식이 아니었나 보다 하고 의심이 들고…… 자기가 거룩한 척

하더니 개개인에게 이런 식으로 옮아맸구나."

"여신협(여신학자협의회) 책자 보면서 많은 사례를 보면서 위안을 받았어요. 나 같은 사람이 또 있구나…… 위로를 받았어요. 여신협에 가서 상담하면서 여러 사례와 지금도 싸우고 있는 분들 얘기 들으면서 아! 그렇구나, 이런 아픔을 가지고 있는 사람이 나 말고도 또 있고 지금도 힘들게 해 나가고 있구나! 아직은 도와주려고 하는 사람이 많은 좋은 세상이구나! 하는 것이 힘이 되더라고요."

"그 음모가 같은 사람 거라는 결과가 나왔어요. 그 음모를 내밀기 전에는 전혀 그런 일 없다고 발뺌하는 거예요. 더 어처구니없는 건 뭐냐면 목사라는 사람이 그러면서 보시다시피 저 여자는 색기를 가지고 있다고 말하더라고요. 그때 저 인간은 그런 생각만 갖고 있던 사람이구나…… 하는 확실한 생각이 드는 거예요."

"우리끼리는 물론 있었던 일을 서로 자세히 말은 안 했어도 그래 그놈 죽일 놈이야! 목사도 아니야! 이렇게 욕이라도 주고받는 게 우리끼리 그렇게 말하는 것이 서로에게 위로가 되고 힘이 되더라고요."

"그래도 내가 인간에게 당한 것이지 하나님에게 당한 것이 아니다. 그렇게 생각하면서 교회에 대해서 불신은 하지만 요즘은 조금씩 나가요. 그런 교회만 있는 것이 아니라 이런 교회도 있어 하면서 내 속을 정화하고 싶어서 지금은 교회를 간간이 다니고 있거든요. 다른 교회를 3년 만에 다니는 거죠."

"여성중창단 활동이 힘이 되는 것보다는 그냥 내가 교회 안에 들어가서 기도할 수 있고 그런 것이 힘이 되고 지금 현재 목사님 통해 그전의 목사와의 차이점이 자연스럽게 느껴지니까, 그전에 교회 목사는 자기 권위 내세우고 하나님처럼 군림하기 위해 취했던 액션이 그때는 그런가 보다 대단하다 했는데 그것이 쇼고 거짓말인 것이 지금에 와서 비교가 되는 거예요. 그 사람이 인간이 아니라는 인정, 확신을 통해 다시 교회를 다닐 수 있게 된 거 같아요."

"지금 다니는 교회 목사님이 자기 안에서 자기 믿음으로 열심히 하는 걸 보니까 아! 이런 목사님도 있고 열정적인 목사님이 계신 거구나! 하고 요즘은 새록새록 조금 조금씩 물갈이가 되는 상황이에요."

"목사님들 입을 통해서 여신도에게 터치하는 이런 부분은 아니더라도 우리에게 피해를 입혔던 그 목사의 설교 방식, 생활 방식, 십년 동안 봐 온 걸 얘기하니까 그 사람들이 그건 목사도 아니다. 사이비고 이단이라고 하면서 결론 내려 주더라고요. 우리가 잘못해서 당한 게 아니고 사이비 교주 같은 사람에게 우리가 속은 거야! 하나님 말씀 풀어 준다는 그 언변에 놀아난 거야! 그 사람 자체가 나쁜 놈이라는 말을 들으니까 그게 조금 힘이 되더라고요. 버텨 나가고 떨쳐 나가는 힘이 되고……."

"어찌되었든 그거 털(음모)이 증거가 되어서 1년 형이 떨어졌어요."

참여자 1은 이○○ 목사에 대한 실체를 파악한 후, 이○○ 목사가 가해자임을 확실히 깨닫게 되고 피해자들과의 모임, 피해자 상담과 상담실 자료를 통해 위로와 위안을 받으며 치유를 경험한다. 참여자 1의 의식 전환과 가해자에 대한 확신, 그리고 제3자를 통한 가해자 규정과 가해자 처벌 또한 치유에 도움을 주었다.

(b) 치유에 방해가 된 내용

(고개를 좌우로 흔들며) "없어요."

(4) 사회의 도움과 취약

(a) 사회로부터 도움받은 것

"올케가 자기가 기도원에서 기도하는데 목사가 와서 안수해 주겠다 하더니 자기를 강간했다고 하더라고요 그걸 저한테 그날 말하는 거예요."

"갈등이 상당히 심한 그때에 상담소 가서 상담받고……."

"처음에 조사를 받는데 경찰서 조사 때 제가 그거(음모)를 가지고 갔어요. 이게 혹시 증거가 될지 안 될지 법적인 상식은 없었지만 증거가 될지 모르겠다고 주니까 형사가 국과수에 의뢰하겠다고 ……."

"남편이 교회 안에서의 생활을 너무 잘 아니까 재판 상황들도 잘 얘기해 주고, 서로 어제 재판 갈 때도 문자 왔는데 '떨지 말고 긴장 말고 차분히 잘하고 와라. 그리고 사건 돌아가는 상황에 대해서 이야기하면 자기도 인터넷 들어가서 보고 진정서, 탄원서 누가 냈다 더라'고 말해 주고 이름은 안 나와도 뻔히 다 아는 사람이니까 우리 측에서 스스로 보호를 어떻게 하면 될까 함께 의논해서 하니까 단순히 나 혼자서 싸우는 느낌이 안 드니까 힘이 돼요."

참여자 1은 같은 교회 내 동일한 피해자의 고백과 상담소에서의 상담, 그리고 증거자료 검증과 남편으로부터 도움을 받았다.

(b) 사회가 취약하게 만든 것

"신랑들한테는 차마 말 못 해요."

"처음엔 서로에게 힘이 됐으나 제 동생, 자기한테는 남편이니까 그런 얘기를 남편 앞에서 하고…… 올케 같은 경우는 자기 상황이 시댁 식구들에게 드러나니까 참 껄끄러우니까 무슨 때에만 가게 되고……."

"사회에 이런 얘길 다 할 수 없으니까 이런 사건을 숨기면서 법원에 가야 하는 것이 제일 힘들어요. 뭔가 핑계거릴 만들어서 움직여야 하니 애매하고 난해한 일이에요. 그 시간을 뭐라고 핑계 대고 가야 하는 게 난감한 거예요. 직장 다니는 사람들이 이렇게 사건에 걸려 가지고 있으면 참 힘든 거구나…… 이렇게 생각해요."

“교회 사람들이 엄마 집에 와서 큰소리를 내고……. 그런 거…….”

“제가 직장을 다녀야 되는 입장이었어요. 신랑이 거기에 매여 있어서 사례금이라는 건 있어도 생활이 안 되니까…….”

동일한 피해를 당한 올케를 대하기 껄끄러웠던 것과 법원에 갈 때마다 직장에 핑계거리를 만드는 것이 참여자 1을 취약하게 만들었다. 또한 자신의 피해에 대해 자세히 말하기 어려운 신랑과 자신의 말보다 이○○ 목사의 말만 믿고 무지한 행동을 일삼는 교회 사람들도 참여자 1을 취약하게 만들었다.

(5) 종교(신념)의 도움과 취약
(a) 종교(신념)의 도움을 받은 것

(단호하게) “아예 없어요.”

(b) 종교(신념)가 취약하게 만든 것

“결국 양평에 있는 기도원에 가게 되었어요. 거기는 전기도 안 들어오는 기도원에 가서 둘이서 생활하게 되었어요.”

“안수 기도는 좋은 것이니까 아무런 의심 없이 잘 기억은 안 나는데 아마 플래시 들고 갔을 거예요.”

“내가 괜한 생각을 하는 수도 있겠구나! 해서 옷을 벗고 누웠는데…….”

“내 동생이 성질이 꽤 급한데 죽이겠다고 안 나간 것이 다행인 거예요. 그 이유가 또 하나는 10년 가까이 하나님처럼 섬기다 보니 그런 일을 겪었음에도 불구하고 그 사람을 때려야 한다고 느끼거나 그러지 못하고 다들 막연한 두려움에서 무서움을 느끼는 거예요. 거기서 나오면 어떡하지? 이런 생각이 들고, 사람들 사이에서 저 목사님 대단한 사람이다. 함부로 해서는 안 되겠구나. 그 입에서 나오는 말씀이 약이 되고 독이 될 수도 있다고 생각을 했기 때문에 처음에 서로가 막연한 두려움이 있었던 거죠."

"처음 교회 나왔을 때 횡단보도 건널 때 한참을 쳐다보고 건너는 거예요. 차에 치어 죽을까 봐. 밤에 다닐 때도 조심조심 다녀요. 그 교회 나와서 내가 무슨 일 당하면 우리가 두려움을 떨치지 못할 테니까…… 그게 오랫동안 망상에 사로잡혀 있는 거예요. 차 타고 갈 때는 운전 조심하고, 우리 어쨌든 당분간 조심하자. 거기서 떨쳐 나와서 그 사람은 인간도 아니었다고 아무것도 아니었다 할망정 괜히 우리가 그사이에 사고라도 나면 우리 안에 또 다른 두려움을 만들까 봐 우리 서로 조심하자! 그렇게 지냈었어요."

"교회에 남아 있는 사람들이 분명히 뭔가에 얽혀 있는 상황인 거예요. 그 사람들이 자기 교회 목사를 목사님, 목사님 하면서 목사가 무죄라고 생각하는 거예요. 다 우리가 꾸며서 그런 일을 한다고 해요."

"목사가 세상 나가서 돈 버는 것이 마음이 아프다고 그러면서 교회가 커져서 복지 시설이 잘되어 있으면 다 교회 안에서 자급자족할 수 있으면 좋겠다고 늘 말해서 우리는 늘 그런 희망을 품고 또 우리 교회가 잘돼서 그렇게 됐으면 얼마나 좋을까! 내가 밖에 나가서 눈치 안 봐도 되고……."

"항상 모든 주파수가 교회 안에서 벌어지는 일에 맞추어져서 요즘에 말하는 뇌구조의 80~90%가 그게 아니었나 싶어요. 그 교회는 엄마와 연관이 되어서 제가 결혼하기 전부터 다녀서 주례도 그 사람이 해 주었고요."

"이게 종교 안에서 일어난 일이라 한동안 다시 교회 다니는 것이 싫었어요."

"원래 어릴 때부터 교회의 목사들이 나와서 권위 있게 하는 것이 맞는가 보다고 생각했던 것이 영향이 있는 거 같아요."

　　종교가 참여자 1을 취약하게 만든 것은 성폭력 피해의 장소인 기도원, 안수기도에 대한 신뢰, 교회 복지시설에 대한 과도한 희망, 이○○ 목사에 대한 과도한 믿음 등이다. 이○○ 목사의 권위, 그에 대한 막연한 두려움도 참여자 1을 취약하게 만들었다.

2) 힘의 남용

“그 목사가 뭐라 하냐면 병원 치료를 받으면 1년 살고 기도원 기도 요양하면 5년은 보장하겠다고 그러더라고요. 거기서 엄마랑 둘이서만 요양을 하고 지내라고 그러더라고요.”

“저녁에 자기가 오늘은 특별히 안수해 주겠다. 내 기도처로 올라와라.”

“너의 몸 상태가 어떤지 알아야 하겠다. 의사 앞에서 자기의 환부를 보여 주는 것처럼 내 앞에서 너의 몸 상태를 보여 주면 자기가 어떤지를 보아야겠다. 그러면서 거기서 옷을 벗고서는 누워라. 내가 봐 줄 테니까. 내게 그렇게 하면 된다고 말하더라고요. 머리부터 쭉 훑으면서 안수를 하는데 젖꼭지부터 만지고 배꼽도 만지고 나중엔 다리 들어 올리라더니 음부 색깔을 봐야 한다면서 그리고 저한테는 속으로 열심히 기도하고 있어라. 그래서 눈 감고 기도하고 있는데 그 목사가 옷을 벗고 덮친 거예요.”

“교회에서 첫애는 낳았는데 둘째 애 낳기 힘들어 난소 수술로 애 낳기 힘들다고 진단받은 사람이 있었는데 안수기도를 받아 둘째 아기 낳았다고 하는 얘기하더라고요. 그전에 교회에서 공공연히 이야기된 거를 이야기하더라고요. 이날 이 이야기하면서 그 사람 이름 얘기하면서 이런 의식 치러서 아기 갖게 된 거라고 말하더라고요. 이걸 하나님 은혜의 의식으로 여기라고 하기에 그렇게 생각하고 내려왔어요.”

“휴지에 뭘 싸서 주는데 그걸 주면서 ‘너에게 힘이 될 거다’ 하며 손에 쥐어 주는데 가져와서 보니까 털이에요. 그런데 머리카락이 아니더라고요."

"그런 후 그냥 보면 낮에 사람들 안 보는 데서 서슴없이 추행을 하고, 사람 눈 피해 스스럼없이 스킨십을 그냥 서슴없이 하는데……."

"내가 자꾸 김○○랑 같이 다니고 사람이 많은 때만 교회를 다니고……. 그것이 딱 눈에 거슬리니까 집사도 이름에서 빼 버리는 거예요."

"저의 엄마가 권사인데 그 목사랑 신학교를 같이 나왔어요. 그것이 인연이 돼 갖고 저의 가족들이 다 그 교회를 다니게 되었어요. 엄마가 처음에는 전도사 하다가 나이도 있고 해서 권사님 하고, 제 동생은 거기서 전도사 하고 있고, 남편은 총괄부장 하면서 이삼십만 원 정도 받고 온 식구가 교회에 매여 있는 상태예요. 그리고 엄마가 몸이 안 좋았기 때문에 우리 가족들이 다 매어 있는 거예요."

"그 목사의 손에 또 엄마 목숨이 좌지우지된다고 생각했고 그 목사의 말 한마디에 의해 우리 식구들의 생계가 좌지우지되니까 그러니까 그 사람이 나를 어떻게 한다고 해서 왜 이러냐고 대항해야 하는 의식조차 없었어요. 한 10년 동안 그 안에서 그 목사에 대한 존재를 하나님같이 올려놓았으니까……."

가해자인 이○○ 목사의 힘 남용은 악의 형태를 가지고 있다. 합당한 경제적 대가도 없이 교회 일을 빌미 삼아 사회 활동을 제약하는 것은 폴링이 말하는 정서적 남용이라 할 수 있다. 이○○ 목사는 신격화된 존재로서 생명보장을 약속하고, 자신의 음모가 특별한 힘이 있는 것으로 믿게 하며, 성폭력을 종교적 의식으로 위장시켰다. 성폭력 후에도 지속적인 성추행을 시도하고 참여자 1의 집사 직분을 빼앗는 등 힘의 남용을 보여 주었다.

3) 개인 심리

(1) 내적 심리

> "막막한 가운데 완전히 그 말을 믿어야 하지만 사실 엄마는 병원 치료를 받고 싶어 했거든요. 하나님이 병원 치료를 마다할 필요는 없을 텐데…… 조금 갈등이 있었어요."

> "사실은 그걸 완벽하게 100% 이건 하나님이 주신 은혜라고 얘기할 수 없고, 뭐라고 단정 지을 수가 있는 그런 결정이 안 서더라고요."

> "제가 당한 그거를 이게 뭔가 혼란스러웠는데 올케한테 그렇게 했다는 소리 듣고 그날부터 며칠간 잠이 안 오더라고요. 서로 다 원자폭탄 맞은 것 같은 거예요."

> "때린다거나 해칠 생각을 못 하고 배신감만 있는 거예요."

> "하나님처럼 생각되었는데 그런 일을 당한 것도 컸지만 그것보다는 그러니까 내가 저 사람을 믿고 그렇게 해도 될 사람인지 왜 좀 더 알아보지 않고 저 사람을 섣불리 확 믿어 버렸을까 하는 데 대한 자책감이 힘들었어요. 너무 맹신을 했던 부분이 가장 큰 자책이 되더라고요."

참여자 1은 원자폭탄 맞은 것과 같은 느낌의 뭔가 단정 지을 수 없는 갈등 속에 막막함과 혼란스러움을 느낀다. 그리고 가해자에 대한 원망보다 이○○ 목사에 대한 맹신에 대해 자책감을 가지고 있다. 무엇보다 신뢰하던 대상이었기에 배신감도 매우 컸다.

(2) '용서'와 '하나님 이미지'에 대한 느낌

(a) 용서

"사실은 그 질문을 어제도 받았어요. 그 관련된 사람이 뭐라 하냐면 교회에서 사랑이다 용서다 말하는데 너도 용서하고 살아라. 그래서 그 사람한테 그랬어요. 지금은 사건 진행 중이라 용서라는 것은 나는 결코 없다. 하지만 내가 이 사건이 종결이 돼서 잊고는 살 수 있을 거다. 하지만 용서는 차마 지금은 용서라고는 말하고 싶지 않다고 그랬죠."

"다른 것보다도 우리의 가장 신앙적인 부분을 두고 하나님이라는 걸 가지고 그렇게 했기 때문에…… 내가 차라리 길 가다가 모르는 남자에게 당했다면 그래 똥 밟았지 하고 용서할 마음을 먹을 수 있겠지만 철저하게 자기를 하나님처럼 믿고 따라온 사람을 일이 년도 아니고 십 년을 따라온 사람을 그렇게 순간에 배신하면서 그동안에 얼마나 거짓된 모습으로 우리를 속여 왔는지에 대해 생각을 하면 그런 인간을 어떻게 용서라는 단순한……. 법정에서도 피고가 용서를 빌면 그럴 마음이 있느냐고 해서 '절대 결단코 없습니다.' 제가 그랬어요. '처음에 진심으로 우리에게 사과를 했다면 여기까지 안 왔을 수 있다.' 그렇게 말했어요. 경찰서에서 발뺌하고 거드름 피우면서 절대 그런 일 없다 그렇게 말했거든요."

참여자 1은 시간이 지남에 따라 가해자를 잊을 수 있을지 몰라도 지금은 결단코 용서할 마음이 없다. 그것은 가해자인 이○○ 목사가 처음부터 잘못을 시인하지 않았기 때문이기도 하지만 모르는 사람을 통한 일회성의 성폭력이 아닌 하나님의 이름으로 거짓을 행하고 지속적으로 속여 온 것에 대한 배신감이 더 크기 때문이라 생각된다.

(b) 하나님 이미지

> "어쨌든 지금 나에게 위로가 되어 주고 힘이 들 때 기도하며 울 수
> 있는 대상이 되고 그러니까 어제처럼 법정 나갈 때 힘 달라고 지혜
> 달라고 찾게 되는 그런 존재인 거 같아요."

저항의 힘이 되는 참여자 1의 하나님 이미지는 위로의 하나님, 간구를 들으시는 하나님, 기도자의 눈물을 아시는 긍정적인 모습의 하나님이다. 하나님과 교류하고 소통하며 힘과 지혜를 달라고 요청할 수 있다는 것은 대상을 사용하는 성숙한 자아의 힘 있는 자기 모습이다.

4) 해석학적 구성

참여자 1은 염색한 노랑 생머리에 두꺼운 쌍꺼풀의 밝은 미소를 띠었고 주름진 흰 윗옷과 청바지 차림에 주황색 작은 가방을 들었다. 나이보다 어려 보이는 인상이었다.

먼저 힘의 논리, 즉 성 권력의 관점에서 살펴보면 가해자인 이○○ 목사는 자신을 신격화하였고 참여자 1뿐 아니라 신도들에게 교회가 빨리 크면 교회 내에서 직장 생활을 해도 될 정도의 경제력 가진 교회가 되자, 눈치 보면서 직장 다니는 것 보니 안타깝다는 등의 감정적 호소까지 하면서 교회 성장을 위해 교회에 전념하게 만들었다.

이○○ 목사는 참여자 1의 결혼 주례 목사였다. 이것은 참여자 1에게뿐만 아니라 가족들의 신임을 한 몸에 받고 있었음을 증명한다. 참여자 1은 결혼한 지 11년이 지났는데 아이가 없었다. 아이를 원해서 능력 있다는 이○○ 목사에게 안수 기도를 많이 받으며 이○○ 목사를 의지해 온 것이 참여자 1의 취약점이었다. 사건이 생기기 전에는

결혼 주례자로, 교회의 존경받는 목사로 참여자 1의 마음과 인생에 자리 잡고 있었다. 어머니와 단둘이 살았던 참여자 1에게 이○○ 목사는 아버지와 같은 의지의 대상이었고, 교회에서는 말씀 선포의 주체였으며 하나님의 자리에까지 올라가 있던 우상이었다.

참여자 1의 주변 인물들을 살펴보면, 참여자 1의 어머니는 이○○ 목사와 신학 동기로서 교회 초기에 전도사로 활동하다가 나이가 들면서 권사의 직분을 받았고, 참여자 1의 동생은 전도사로 올케는 전도사 사모로 교회 활동을 하였다. 남편 또한 신앙 성장을 이유로 교회에서 풀(full)타임으로 일을 하며 작은 사례를 받고 있었으므로 교회라는 제도에서 강자로 군림하는 이○○ 목사 앞에 참여자 1의 전 가족이 약자일 수밖에 없는 힘의 구조를 볼 수 있다.

참여자 1의 성폭력 사건이 발생하기 전에 이미 참여자 1의 올케도 이○○ 목사에게 피해를 입었으며, 계획적인지는 알 수 없으나 참여자 1의 어머니를 기도원에 있으라고 한 것은 참여자 1이 노모를 모시고 취약한 환경에 함께 있어야 함을 의미하는 것이었다. 이○○ 목사는 10년이 넘게 참여자 1의 가족들과의 관계성 속에서 자신의 위치를 굳혀 왔고 그 위치를 이용하여 가족 구성원 한 명 한 명을 파괴하는 악을 저지르고 있었다.

사건 당시 참여자 1은 이○○ 목사 말에 길들여진 양처럼 순종하고 있다. 머릿속에 잠시의 혼돈이 있어서 머뭇거리는 비언어적인 저항이 보이긴 하지만 이○○ 목사의 말을 믿고 특별한 안수 기도를 받는 것은 어머니로 살고 싶은 한 여자의 절박한 소망 때문이었다. 그러나 강자인 이○○ 목사는 약자의 이러한 취약성을 이용하여 폭력을 행하고 있다. 악은 카멜레온처럼 위장하여 안수 기도라는 적합한 형식에 숨어서 피해자의 영혼과 몸을 파괴하고 있다. 사건 후에 스스럼없이 행하는 이○○ 목사의 성추행이 없었더라면 참여자 1은 악의 실체를 깨닫기 어려웠을 것이다. 이○○ 목사의 계속되는 성추행은 참여자 1에게 이○○ 목사에 대한 의심의 출발점을 제공하였고, 올케의 피해 사실을 알게 된 참여자 1은 비언어적이지만 처음으로 자신의 피해 사실을 인정하게 된다.

참여자 1은 이○○ 목사에 대해 의구심을 품고 있던 또 다른 피해자들과 만나 함께 이야기함으로써 동일한 교회에 여러 명의 피해자가 있다는 것을 확인하였고, 이러한 사실은 참여자 1이 저항할 수 있는 동기가 되었다. 이제 참여자 1은 함께 이야기할 수 있는 동질감을 가진 동료가 있고 지지자가 되는 가족이 있다.

폴링은 두세 사람이 모여 대화하는 것이 악에 대한 저항이며, 이러한 저항이 지속되어 많은 사람이 저항할 때는 악한 시스템의 유지도 어렵다고 하였다.

참여자 1과 그의 가족들은 이렇게 뭉쳐서 저항의 구조를 형성하였다. 그럼에도 불구하고 저항자들은 무엇인지 모를 두려움과 무서움을 가지고 있었다. 이것은 그 교회를 탈퇴한 후에도 나타나는 기이한 현상이며 피해의 사실을 알게 된 남편들에게서도 발견되는 현상이다. 덩치도 크고 다른 일이었으면 벌써 죽인다고 성질을 부릴 동생조차도 알 수 없는 힘에 눌려서 이○○ 목사에게 어떤 물리적인 행사도 하지 못했다. 참여자 1은 동생 성격에 일 저질렀으면 큰일을 저지를 것인데 다행이었다고 말하지만 이러한 일을 알게 된 젊은 청년이 의로운 분노를 표출하지 못하는 것 또한 자연스러운 행동이라 볼 수 없다. 이 같은 상황을 고려해 보면 참여자 1뿐 아니라 참여자 1의 전 가족들이 정신적 공황 상태에 빠진 것이라 여겨진다. 참여자 1과 그 가족들은 이○○ 목사를 가해자로 인식하고 있지만 긴 세월 동안 이○○ 목사에게 삶이 구속되고 영혼이 지배당해 왔기 때문에 저항의 한계를 가지고 있는 것이다. 하지만 참여자 1은 다른 피해자와 함께 보다 적극적으로 저항해 나가며 법적인 대응을 통해 악에 대해 강력하게 저항하고 있다.

끝으로 참여자 1이 보내 준 판결문을 저항의 한 형태로 싣고자 한다.

서 울 고 등 법 원
제 ○ 형사부

판　　결

사건　　　2008노○○○ 강간(피감독자간음, 위계간음), 강제추행
피고인　　이○○
　　　　　주거 서울 ○○구
항소인　　피고인 및 검사
변호인　　법무법인 ○○ 담당변호사 김○○
원심판결　서울○지방법원 2008. 2. ○○. 선고 2006고○○○○ 판결
판결선고　2008. 7. ○○.

주　　문

피고인을 징역 ○○에 처한다.
원심판결 선고 전의 구금일수 ○○일을 위 형에 산입한다.

이　　유

당시 피해자는 ……중략…… 피고인은 목사로서 자신의 치유 능력에 대한 피해자의 신뢰를 이용하여 간음 행위를 안수 기도라고 기망하면서 피해자를 간음하였으므로 위계로써 간음한 경우에 해당한다.

법령의 적용

형법 제298조(강제추행, 징역형 선택), 형법 제304조(위계에 의한 간음, 징역형 선택)

재판장　판사 양○○, 판사 김○○, 판사 최○○

2. 참여자 2

1) 대주제에 따른 분류

(1) 사건의 개요

참여자 2는 40대 중반의 기혼 여성으로 부동산 매입과 매도를 통해

경제생활을 영위하고 있었다. 그러던 중 하나님 일을 하는 데 뜻을 두고 병원 건물을 인수하였는데 이 건물의 등기권리에 하자가 있었다. 진심으로 하나님 일을 하려고 했는데 문제가 생기게 되어 담임목사에게 상담하였으나 답을 얻지 못해 이 교회 저 교회 떠돌아다니며 대답을 들으려고 찾아다니다가 김○○ 목사를 만났다. 기독교 목사를 비판하는 김○○ 목사의 설교에 속이 시원함을 느끼고 동조를 하며 그 교회에 다니게 되었다.

처음 김○○ 목사는 참여자 2에게 돈을 일주일만 빌려 달라고 하였고, 일주일 후에는 오히려 돈이 더 필요하다며 돈 빌려 가는 것을 반복하였다. 그러던 어느 날 교회에서 김○○ 목사가 참여자 2의 집에 심방을 오겠다고 하여 함께 차를 타고 가게 되었다. 신앙적인 이야기를 하며 한참을 달려 날이 어둑한 때에 어딘지 모를 곳에 차를 세우고는 마리아가 전 세계를 구원할 예수를 낳지 않았느냐며 참여자 2에게 마리아와 같은 사명이 있다고 하고, 자기가 하는 것이 남자가 하는 것이 아니고 하나님이 하시는 일이라고 하며 성폭행하였다.

김○○ 목사는 참여자 2를 지속적으로 성폭행하였고, 참여자 2는 김○○ 목사가 돈을 요구할 때마다 김○○ 목사의 아내 보기가 민망해서 계속 돈을 빌려 주게 되었다. 그렇게 6년여의 시간이 흐르도록 혼자만의 일인 줄 알고 속병을 앓던 참여자 2는 서서히 문제를 자각하게 되었고, 교회 내에 동일한 피해자들을 만나면서 위계에 의한 성폭행임을 인지하게 되었다. 이후 김○○ 목사를 고소하였으나 형사고소시효 만료로 기각되었고, 채무이행 소송에서도 교회 사업에 투자한 헌금이라는 명목으로 패소하였다.

(2) 저항의 내용

"내가 갈등 속에서 3일을 집에 누워 있었어요. 그랬더니 김○○ 목
사가 와서 엄마 뭐 하니 하고 거동을 살피더라. 김○○ 목사가 성
관계 가지려는 눈치가 오면 내가 피해 버리고, 교회 요직의 일을
내놓고 안 하니까 얼마나 싫겠어."

"차용증 써 달라! 너 죽이겠다. 내가 아무리 개망신당하더라도 '너
는 개만도 못한 쓰레기 새끼야'라고 말할 수 있었어요."

"김○○, 정○○랑 이야기했어요. 천지가 개벽이 되는 것 같았는데
한 시간쯤 지나니 얘가 너무 고맙더라. 내가 살길이 열렸구나! 거
기 있는 것이 너무 싫었거든."

"개만도 못한 저질 중의 저질로 보이더라. 교회 운영에 대해 회의
를 하는데 이제 말하는 것이 정확히 들리더라. 눈을 똑바로 쳐다보
고 달려들었어요. 창립 예배 때도 앞자리 가서 쳐다보면서 '병신
육갑하네' 하며 쳐다봤어요. 목사님은 그렇게 재단일 하려면 사업
가가 되시지 왜 목사님이 되셨냐! '목사가 돈이나 물질에 연연하면
안 된다'고 말했어요."

"이게 하나님의 뜻이 아니다. 나와 같은 피해자가 없어야 한다는
그 생각, 이것은 하나님의 뜻이 여기에 계셔서 우리 통해 쓰시나
보다 우리는 하나도 아니고 단체로 묶어서 쓰게 하시나 보다. 이런
힘이 저항하도록 했어요."

"내용증명 보내서 너는 하나님이 아니라 인간이고, 인간 중에서도
쓰레기다. 너는 법적으로 빠져나갈 생각만 하고 있지."

"법원에서 대질할 때 너는 목사도 아니고 인간도 아니야. 개새끼보
다 못하다. 너는 밥 세 끼를 못 먹어서 목사질을 하냐."

"검사들이 얼마나 잔인하고 냉정한지 말도 못 해! 그 사람들에게
나의 억울함을 말하고 신뢰를 주어야 내 편이 되어서 이야기하
지…… (크게 숨 쉬며) 내가 내 자신을 보호하지 않고, 내가 내 억울

함을 숨기는데 누가 나를 도와줄 수 있겠냐.”

참여자 2의 갈등은 김○○ 목사에 대한 도덕적 방어가 무너졌음을 의미한다. 참여자 2는 김○○ 목사를 피하고, 교회 요직을 한순간에 내어놓으며 김○○ 목사에 대한 직접적인 분노를 표출한다. 김○○, 정○○와 함께 피해자라는 동질감을 가지고 서로 뭉치며, 가해자의 실체를 확인한 후 공개된 장소에서는 자신의 의견을 피력하고 김○○ 목사의 실체를 알리며 강하게 저항하고 있다.

참여자 2는 냉정한 법제도 안에서 자신의 피해를 밝히며 김○○ 목사와 그 교회 집단에 대해 저항하고 있다.

(3) 치유의 경험과 방해

(a) 치유의 경험

“내가 꿈을 깬 것이 경찰서에서 대질할 때였어요. 적어도 자신이 그렇게도 자신 있게 이야기하고 강대상에서 했던 말을 자기가 믿던 신을 두고 한 그 말까지도 부인을 하더라. 그래서 내가 걱정했던 것이 부질없는 것인 줄 깨달았어요. 그래 내가 잘못했다 하든지 나는 이게 길인 줄 알았다라고 하든지……. 내가 얼마나 목사들의 만행에 놀아났는지 실감을 하게 되었어요.”

“성상담소 가서 내가 얼마나 우매한지 깨달았어요.”

“기가 막히더라. 김○○ 목사가 젊을 때 일했던 나이트 사장 만났더니 거기서도 저질로 통한 사람이더라. 이런 게 밝혀지니까 너무 속이 후련하더라.”

“나는 그 약속이란 것을 안 지키는 것을 보고는 네가 섬기는 신(神)도 너를 지키지 않을 것이라는 확신이 생기더라. 강대상에서 한 말은 지켜야 하는데 따 잡아떼더라."

"여신협에 가서 피해 사례를 보고 놀란 게 김○○ 목사 같은 인간
이 많이 있더라. 내 이야기를 누가 거기 가서 썼나 싶었어요. 이 책
좀 많이 만들어서 뿌리라고 했죠. 이게 내게만 벌어지는 일이 아니
구나! 여신협 가서 자료 보면서 자신감이 생겼어요. 나만 수치스러운
대상이 아니고 비일비재하게 있구나. 내가 죄를 지은 것이 아니구나."

"너는 네가 믿는 신이 있어도 너를 안 도와주겠다는 생각이 들더
라. 이것이 딱 뜨이니까 인간 중에서도 핫질로 보이더라."

"여신협 가서 자신을 얻은 것이 내가 죄를 지은 것도 아니고 실수
를 한 것도 아니고 내가 당한 것이구나. 내가 이 나이지만 그걸 거
기서 알았어요. 나는 부끄럽지는 않다. 내가 알고 한 것이 아니니까."

"내가 거기서 있었던 일을 재판함으로써 오픈해서 드러내니까 내
속에서 깊은 앙금의 상처가 없어요. 치료가 된 거 같아요. 아니 아
예 없어요."

참여자 2는 참여자 스스로 또는 제3자를 통한 김○○ 목사의 실체
를 확인하게 되면서 치유를 경험한다. 자신이 죄인이 아니라는 안도
감과 몰라서 피해를 당한 것에 대한 인정, 그리고 상담소의 피해사례
책자를 통해 얻게 된 자신감은 치유의 경험이다. 오픈해서 드러냄으
로써 앙금의 상처가 없어진 것 또한 치유의 경험이라고 할 수 있다.

(b) 치유에 방해가 된 내용

"방해된 목사가 있었죠. 내가 반감을 가지고 있었어요. 내가 감정
이 안 좋았어요. 박사고 목사라고 하는데 기름 부은 종을 건드리지
말라고 하더라. 이 소리는 개새끼 목사에게 만날 듣던 소리인데 이
런 말을 하기에 반은 따지고 반은 상담을 했어요. 결코 손대지 말

라는 투로 이야기를 하더라. 목사들이 치유에 방해가 되었어요."

참여자 2는 김○○ 목사가 자신을 합리화하기 위해 늘 쓰던 말을 상담 목사가 말하는 것에 대해 감정이 안 좋아졌고, 상담 목사의 말과 이 말을 한 목사는 상담과 치유에 방해물로 작용하였음을 알 수 있다.

(4) 사회의 도움과 취약

(a) 사회로부터 도움을 받은 것

"내가 그 사람이랑 바람이 나서 그런 것도 아니고 남편에게 이런 일이 있었다고 하자 내 말을 안 믿을 줄 알았는데 한순간에 믿어 주더라."

"이런 단체(여신협)가 있구나 하는 것만으로도 의지가 되었어요."

참여자 2는 자신의 말을 한순간에 믿어 준 남편과 의지가 되는 성폭력 상담 기관으로부터 도움을 받았다.

(b) 사회가 취약하게 만든 것

"급한 마음에 훅 하고 고소를 했는데 갈 길이 멀더라. 그래서 경찰서에서라도 잘못했다고 하면 다 취하하려고 했어요. 이 일로 창피한 것도 있고…… 그리고 계획도 없이 너무 엉성하게 시작해 가지고 망신스럽기도 하고……."

"이 이야기를 재판소에 가서 이야기해도 네가 어린애냐? 팔다리 묶어 놨냐? 이해가 안 가는 거지."

"남편에게 자세한 일은 이야기 못 한다. 법적인 일은 도와주지
만……."

"법적인 일이 이렇게 되는 줄 알았다면 내가 장부니 뭐니 근거된
내용을 탈탈 다 털어 오지. 그런데 내가 그렇게 모르고 살았다는
거지. 당회장실에 아주 지저분한 불법을 저지른 비밀 서류가 있는
걸 알고도 재판에 필요한 줄을 몰랐어요."

"쪽 빨려서 빚만 지고 나온 상황이니 금전적으로 힘들죠."

"내가 법적으로 이긴다는 보장이 없어요. 일단은 걸어 놨죠. 너 죽
어 봐 하는 앙갚음으로라도……."

"우리 아이들이 자기 집 재산이 어느 정도 있는지 구별을 하는데
그게 하나도 없다는 것에 대해 너무너무 기가 막혀 해요. 살인이
그래서 일어나는 거구나 싶어요."

"이 얘기를 어디 가서 하면 기절을 할 이야기예요. 어디 가서 이야
기할 수 있냐? 나부터 이상하게 본다. 절대로 이야기 안 하지."

"법적인 조치를 상세히 알려 주었으면 하는 아쉬움이 있어요."

사회의 잘못된 성 통념과 복잡한 법적 제도, 법적인 무지함이 참여
자 2를 취약하게 만들었다. 경제적 어려움으로 인해 미안한 마음으로
대하게 된 아이들과 자세한 이야기를 할 수 없는 남편 또한 참여자
2를 취약하게 만들었다고 할 수 있다.

(5) 종교(신념)의 도움과 취약
(a) 종교(신념)의 도움을 받은 것

"나는 죽을 것 같을 때도 기도를 했어요."

"내가 나를 지키고 하나님이 나를 들어 쓰셔서 불법을 없앤다는 그
것이 그 수치스러움을 이겨 내는 힘이 되었어요."

참여자 2가 종교의 도움을 받은 것은 기도와 하나님과의 관계이다.

(b) 종교(신념)가 취약하게 만든 것

"성경을 구약, 신약, 계시록을 푼다. 다 풀어 준다고 하는 거예요.
김○○ 목사가 이 뜻을 어디서 푸느냐? 하나님이 알려 주신다고 해
요. 자기 예언이 이루어진다고 하면서 성경을 들이대고, 우리가 몰
랐던 상당한 것을 알려 줘요. 그러면 거기에 매료가 돼요."

"이상하다는 감은 있지만 감히 왜 저래? 뜻이 있으시겠지. 저 영혼
이 죽어 가나 보다라고 생각하죠."

"내가 죽는 것이 죽는 게 아니라 하나님의 역사에 내가 거슬리는
일을 할까 봐 그게 걱정이 됐고 그게 내가 가장 사랑하는 사람, 그
러니까 남편이나 자식에게 떨어지지는 않을지……. 행여 길을 가다
가 내가 잘못되면 그들이 내가 저주받아서 그렇게 되었다고 할 것
이니까."

"설마 목사님이 그러실까? 이 하나님의 역사를 받으신 목사님이 그
러실까? 말씀 선포하시고 영혼 구원하시는 목사님인데……."

"신앙에 있어서는 많이 다운이 되었어요. 교회도 다니기 어려웠죠."

참여자 2는 김○○ 목사의 유창한 성경해석과 예언으로 김○○ 목
사에 대해 이상하다거나 의심스러워도 영혼 구원을 하는 목사의 직
분을 믿고 자신의 생각을 말하지 못했다. 왜곡된 교육은 자신에게 생
길 수 있는 나쁜 일도 교회와 연관 지어 교회에 무슨 잘못을 하여 저
주받는 것으로 잘못 생각하게 만들고 있다. 결국 종교적 부분에서 성

경에 대한 관심, 김○○ 목사에 대한 맹신, 왜곡된 교육으로 인한 잘못된 사고, 교회의 권위 등이 참여자 2를 취약하게 만들었다.

2) 힘의 남용

"김○○ 목사는 다른 여자들의 남편은 다 바보로 만들어요. 쪼다 아닌 쪼다로 만들고, 내게도 그러려고 했어요. 내가 그런 것은 못 본다고 하자 네 소원을 들어줬다면서 남편은 존경받게 해 줬어요."

"환상이나 육체로 하나님을 만나는 사람도 있다고 그때 이야기하더라. 여집사들은 설교 들을 때마다 오르가슴을 느낀다고 해요."

"하나님이 치료하려고 하면 다 알아야 한다면서 그 사람의 수입까지 체크를 해서 전도자 통해 접근했다가 작업 끝나고 내던져요. 그때 하는 설교가 겨울에 나무가 물을 품고 있으면 봄에 싹을 못 피운다. 혹독한 겨울을 보내야 한다는 그런 설교를 하죠. 이때쯤이면 몸도 돈도 뺏긴 상태예요. 그리고 성범죄에 안 걸리게 접촉하더라. 고소해도 고소 성립이 안 되게 자료를 단도리 해 두더라. 법으로도 안 되고 빌려 준 것도 아니고 헌금도 아니고…… 그 단계를 넘어서면 자기 심복으로 수족처럼 써요."

"처음엔 돈을 빌려 달라고 하더라. 너는 종이를 믿느냐 하나님의 종을 믿느냐고 하면서 일주일만 빌려 달라고 했어요. 일주일 후에 돈이 어떻게 됐냐고 하면 돈이 더 있으면 좋겠다는 애절한 표정을 짓고 다른 사람 통해서 돈을 더 달라고 해요. 본인이 직접 안 하고…… 그렇게 들어간 게 있는 돈 없는 돈 다 나가는 거야."

"성관계가 있은 뒤에 돈을 요구했어요."

"마리아 이야기를 하더라. 그 당시 마리아가 돌 맞을 짓인데 전 세계를 구원할 예수를 낳지 않았느냐고 하면서 안수하겠다며 뒷자리로 오라고 하더니 손을 잡고 자기가 하는 것이 남자가 하는 것이 아니고 하나님이 하시는 일이라고 하는데 내가 어린아이도 아니고 만감이 교차하더라. 내가 신앙이 충만한데 나더러 네가 마리아와 같은 사명이 있는데 하나님의 아내의 자격을 주겠다고 하면서 성관계가 이루어진 거예요."

"좋아해서 관계 가졌다는 것을 쓰게 해요. 어떻게 쓰게 하느냐? 금식 기도 들어가면서 목사에게 편지 쓰라고 하면서 김○○ 목사가 손댄 여자에게는 이번엔 특별히 네 것을 봐 줄 테니 진심을 쓰라고 해요. 그러면 애정 반 존경 반으로 쓰는 거죠. 그런데 알고 보니 이것이 증거더라. 우리가 좋아서 한 것 아니냐는 증거로 법원에 가지고 오더라. 네가 나를 좋아했지 하며 법원에 자료로 제시하더라."

"휴대폰 문자로 저주받을 년이라는 둥 무지막지한 말을 그렇게 하고, 우리가 기도원의 약수에 독을 넣었다는 둥……."

"남자들이 있을 때 그 목사는 자기가 고자 아닌 고자라고 말했다더라. 남자들은 다 고자로 인식을 했어요."

"주의 종, 기름 부은 자, 대언자, 선지자, 하나님의 몸을 빌려 쓴 자, 하나님의 아들……."

김○○ 목사는 성경 말씀을 인용하거나 하나님의 이름으로 자신을 스스로 높이며 교회 내에서 자신의 위치나 영적 능력을 과시하고 설교를 자기 합리화에 이용하였다. 참여자 2에게 눈에 보이지 않는 영적인 마리아의 사명을 준다고 하며 안수로 위장하여 힘을 남용하였고 금품을 탈취하였다. 선한 마음으로 신도들이 김○○ 목사에게 쓴 편지가 법원 자료로 제시된 점은 치밀하게 계획된 힘의 남용이었음을 알 수 있다. 남자들에게는 고자라고 속이고 참여자 2의 저항에 교회 신도들을 속여 참여자 2를 음해한 것은 가해자인 김○○ 목사 힘의 남용이라 할 수 있다.

3) 개인 심리

(1) 내적 심리

"내가 나에 대한 미련함에 너무 화가 났다. 내가 왜 몰랐을까."

"가족에게 부끄럽고 창피했어요. 힘들었고, 친정어머니에게 부끄러웠어요. 그 많은 경제를 다 버리고 그것도 목사에게 사기를 당했다는 것……."

"나 같은 성격은 남의 말에 크게 지장을 받지 않는 편이에요. 하지만 내가 하나님의 일을 해야 한다는 부분에 대해 힘을 잃고, 의미를 잃어 가는 부분이 힘들었어요."

참여자 2는 자신의 미련함에 화가 나고, 부끄럽고 창피해했으며 하나님 일에 대한 의미를 상실해 가며 심한 자책감을 느꼈다.

(2) '용서'와 '하나님 이미지'에 대한 느낌

(a) 용서

"이거는 허세다. 이 용서라는 용서가 내가 성인군자가 안 되어 봐서 모르지만 그 사람을 위한 용서가 아니라 내 자신을 위해서 위로의 차원에서 용서지, 지금 차원에서는 용서가 안 되지. 어떻게 용서를 해 주겠냐고. 예전에 어떤 살인자 하나가 부인과 자식, 딸, 엄마도 죽였어. 남자 하나만 살아남았는데 그 살인자를 용서해 주라는 글이 재판부로 간다는 거야. 자세히 봤더니 그 남자가 교회 다니는 사람인데 용서해 달라고 탄원서를 쓴다는 거야. 그 남자는 하나님이 용서하라고 했는데 내가 용서하지 않으면 죽을 것 같아서 용서한다는 거지. 나는 그게 도리어 교만이라고 봐요. 사람은 한계가 있는데 용서한다는 표현에 그 사람이 혐오스러웠어요. 할 수 있는 게 있고 할 수 없는 게 있는데, 내가 체념은 할 수 있지만 용서는 안 돼요. 내가 그 일을 생각할 때마다 울컥울컥 치미는데……."

참여자 2는 체념은 할 수 있어도 용서는 할 수 없다. 용서를 하더라도 자기 위로 차원에서 자기를 위한 용서가 가능할 뿐이며 아직까지 감정이 치밀어 올라 용서할 수가 없음을 고백한다.

(b) 하나님 이미지

> "나는 하나님을 생각할 때 한 번도 무서운 얼굴을 생각 안 해 봤어
> 요. 따뜻한 내 편, 내가 기도하면 한 번도 외면하지 않는 하나님,
> 항상 나를 지켜보고 바라보는 하나님."

참여자 2는 의미를 상실하고 힘을 잃었지만 놀랍게도 하나님에 대해 따뜻한 이미지를 가지고 있는 강점이 있다. 참여자 2의 하나님에 대한 이미지는 내가 하나님 편에 있어야 한다는 생각보다 이미 내 편에 따뜻하게 존재하는 친숙한 하나님의 모습을 가지고 있다. 하나님에 대한 변하지 않는 사랑과 동행하시는 하나님을 고백하는 모습으로 보아 자신이 앞으로의 일을 진행함에 있어서도 하나님은 함께하실 것이라는 확신을 갖고 있는 것으로 해석할 수 있다.

4) 해석학적 구성

깔끔하게 화장한 얼굴에 활발한 활동성을 보이는 참여자 2는 이야기할 때 확신에 찬 모습이었으며 말은 조금 빠른 편이었고, 전반적으로 우호적이고 협조적인 태도를 보여 주었다.

먼저, 약자라고 할 수 있는 참여자 2의 취약성에 대해 살펴보고자 한다. 참여자 2는 목사의 권위나 위치를 신화화하여 의심이 가도 말하지 못하는 종교적 취약성을 가지고 있었다. 참여자 2는 사업에 문

제가 생겨 심리적 고통을 겪다가 종교적인 치원으로 해결하고자 하였으나 찾지 못하고 헤매던 중 김○○ 목사의 설교를 듣고 그 교회를 출석하게 된 것이 참여자 2의 취약성 배경이 된다.

성 권력의 논리로 봤을 때 참여자 2의 이러한 취약성은 김○○ 목사 힘의 남용으로 이어졌으며 김○○ 목사는 설교를 자기 합리화로 이용하거나 목사라는 권위를 이용하여 돈을 빌려 가고도 차용증을 써 주지 않고 도리어 믿음이 없다고 협박을 하며 지속적인 탈취를 하였다. 이러한 악은 거짓으로 위장되었으며 심지어 성폭력으로 이어졌다. 성폭력 현장에서 김○○ 목사는 성경을 인용하여 하나님이 참여자 2를 사랑하는 것이라 속여 교회의 일을 더욱 도모하게까지 만들었으며 동일한 수법으로 성폭력을 지속시켰다. 계속되는 김○○ 목사의 금품 탈취는 참여자 2에게 경제적 취약성을 안겨 주었다.

교회의 담임 목사에게 지속적인 성폭행과 금품 탈취의 피해를 입으면서 고민하던 중 동일한 피해자가 있다는 사실을 발견한 것은 저항의 동기가 되었다. 힘의 구원이 되는 참여자 2의 저항은 비폭력적이지만 강하고 투쟁적이었다. 하지만 최초의 저항은 교회의 요직을 내어놓고 가해자를 피해 다니는 정도의 다소 소극적이라고 할 수 있는 저항의 모습이었다. 김○○ 목사에 대한 실체를 알게 된 후, 김○○ 목사에 대한 신화화와 도덕적 방어가 사라지면서 저항은 더욱 박차를 가하게 된다. 참여자 2는 가해자에 대해 정확하게 규정하게 되었으며 지지그룹을 형성하였다. 또 다른 피해자를 막기 위해 김○○ 목사의 실체를 다른 사람에게 알리며 모든 창피를 무릅쓰고 법적인 공방에 들어가는 강한 저항의 모습을 보이지만 교회 사람들은 도리어 참여자 2를 모함하고 악평하며 김○○ 목사의 편에 섰다.

교회 사람들의 모함과 악평, 참여자 2의 창피함은 우리 사회의 성 담론이나 가부장적 이데올로기의 단면을 여실히 보여 주고 있다.

참여자 2는 민사소송 재판에서 패소했지만 저항을 통해 치유를 경험하였고 그러한 저항은 희망의 원천이 되어 힘의 구원을 이루었다. 참여자 2의 저항 모습을 담은 민사소송 판결문이다.

〈표 Ⅳ-3〉 참여자 2의 판결문

서 울 고 등 법 원
제○○민사부

판　결

사건	2007나○○○○ 대여금
원고, 항소인	최○○
	소송대리인 변호사 김○○
피고, 피항소인	김○○
	소송대리인 변호사 조○○
제1심판결	서울 지방법원 2007. ○. ○. 선고 2006가합○○○○
판결선고	2008. ○. ○.

주　문

원고의 항소를 기각한다.

이　유

원고는 14회에 걸쳐 총 1억 ○○원의 대여금의 반환을 요구하였으나 원고가 1억 원이 넘는 돈을 지급하고도 차용증을 받지 않았으며 이자 명목의 돈을 받지 않은 점, 교회 사업에 출연한 금액이라 기재되어 있는 서류 등을 미루어 보아 대여 사실을 인정하기에 부족하며 피고의 개인적 유용을 인정할 증거가 없어 원고의 항소를 기각한다.

재판장 판사 조○○, 판사 김○○, 판사 은○○

3. 참여자 3

1) 대주제에 따른 분류

(1) 사건의 개요

참여자 3은 40대 초반의 평범한 기독교인으로 법률사무소에 근무하고 있다.

사춘기 때는 하나님에 대하여 수돗가에서 시계를 잃으면 기도해서 찾아 주는 대상 정도로 보았고, 천주교와 기독교의 차이를 모를 정도로 종교에 대하여 모르고 있었다. 초등학교 때부터 성경학교에 다니던 참여자 3은 막연히 대학교에 가면 성경에 대해 공부하고 싶다는 생각을 가지고 있던 중에 대학교 근처의 큰이모 댁으로 가서 살게 되면서 같은 대학을 다니던 이종사촌이 다니던 ○○교회에서 성경공부를 하게 되었다.

이종사촌이 그 교회에 열성적이어서 참여자 3이 그 교회를 다니며 성경공부를 하는 것은 자연스러운 일이었지만, 집중해서 배우지 않다 보니 교리를 배우는 데 거의 1년이 걸렸다.

성경공부를 마치자 신입생들 면담이 있다고 해서 참여자 3도 ○○교회 조○○ 목사 방에 들어가 면담을 하기 위해 만났는데 손을 잡아 끌면서 무릎에 앉히고는 몸을 만지기 시작했다. 조○○ 목사의 행위에 참여자 3은 온몸이 딱딱해지고 정신과 몸이 분리되어 아무것도 생각할 수가 없는 상태에서 뭔가가 음부를 뚫고 지나감을 느꼈고, 방에서 나오고 나니 정신이 없어서 어찌할 바를 몰랐다.

그날 참여자 3은 당시 자신을 따라다니던 남자 친구의 키스 요구도 거부하면서 살았기에 마음의 상실감이 매우 커 남자 친구에게 전화해서 첫 키스를 하게 되었고, 이때부터 정신의 분열을 겪게 되었다.

교회에서 부목사에게 말했더니 기도해 준 것인데 세상의 생각이 머리에 떠올랐던 것 아니었냐고 말했고, 그 후 조○○ 목사는 여러 사람 앞에서 참여자 3을 칭찬하고 위신을 세워 주었으나 참여자 3은 늘 정신이 멍하고 기분이 안 좋은 느낌을 가지며 지내게 되었고, 조○○ 목사에게 지속적으로 성폭행을 당하게 되었다.

몇 년 후 참여자 3은 남자 친구와 결혼을 하면서 출석하던 교회에서 나오게 되었으나, 남편이 참여자 3과 조○○ 목사와의 관계를 알게 되면서부터 불화가 시작되어 결국 이혼하게 되었다. 2009년 현재 참여자 3은 조○○ 목사에게 성폭행 피해를 당한 여성들의 고소를 대리하고 있다.

(2) 저항의 내용

> "안티사이트 게시판에 글을 쓰고, 그때는 원해서 했다고 생각했는데 가면 갈수록 그게 아니라는 생각이 들더라고. 원한 것과 원하지 않은 것에 대해 진술서를 써냈죠."

> "변호사가 부담 많이 가졌지만 설득해서 변호를 맡게 했고."

외부에 교회의 숨은 비밀을 밝히고, 인터넷을 이용하여 자신의 피해 사실을 공론화하고, 진술서를 통해 개인 입장을 표명하고자 하는 것은 저항의 직접적인 모습이다. 참여자 3이 변호사를 설득하여 소송을 대리한 것은 가해자의 실체를 확신하고 자신이 이 문제를 해결하고자 하는 적극적인 저항의 의지를 가지고 있다는 것을 의미한다.

(3) 치유의 경험과 방해

(a) 치유의 경험

"병신 새끼가 판사 앞에서 별짓을 다 하더라. 그가 진정 이 시대 개
새끼이고 정말 보잘것없는 겁쟁이라는 사실을 체험한 후 그로부터
자유로워진 거 같아. 혹여 내가 틀리지 않을까 하는 흔들림에서 벗
어나면서 너무 너무 너무 자유롭더라고……"

"오픈해서 이야기하고 게시판에 글 올리고 멍청해서 속은 것 아니
고 그 상황에서 누구든지 속을 수 있으니까 한 번 인정해서 받아들
이면 깨닫는 게 쉽지 않은데 그런 나를 용서하는 것, 내가 못나서
그런 게 아니라는 거, 세상 나와 살아 보니 그놈에게 당하지 않아
도 부부나 친구 사이, 부모에게 알게 모르게 상처가 많더라. 정상
인이 흔하지 않더라고. 내가 오히려 상담해 줄 만큼 세상 사람의
종류가 다르지만 자기 몫의 버거운 짐을 가지고 있더라. 내 짐이
특별한 것이 없고, 내 경험이 일반적이라는 생각이고 단지, 종류나
깊이, 크기가 다를 뿐이지."

참여자 3은 조○○ 목사에 대한 실체를 파악하고 법정에서 그 모
습을 직접 체험한 후에 엄청난 자유로움을 느끼면서 치유를 경험하
였다. 세 번이나 연이은 '너무'라는 말은 자유의 기쁨을 전달하고자
하는 참여자 3의 마음이라 여겨진다. 그리고 자신의 경험을 일반화하
고, 오픈해서 이야기하는 것도 치유에 도움이 되었음을 알 수 있다.

(b) 치유에 방해가 된 내용

"현실만 이야기하자면 술을 많이 마셔요. 사람들과 모이면 진탕 취
해서 정신 잃고 나면 가슴이 확 뚫리니까. 술 마시면서 길거리에서
잠을 잔 적도 있고. 그리고서는 왜 내가 이럴까? 그러면서도 한 번

씩 이렇게 해소해요. 남의 집 대문 앞에서 자다가 핸드폰, 지갑 다 잃어버린 적도 있고. 생각지도 못한 행동을 하는 거야. 한 번도 못 본 사람과 입을 맞추고 자학하면서 술 먹고 나를 괴롭히고, 택시기사에게 잠자자고 하질 않았나 그놈 땜에 그릇된 성관계가 심겨진 거야."

참여자 3은 과음, 자학, 이상행동을 하며 스트레스를 해소하지만 결국 치유에 방해가 되는 요소라 할 수 있다.

(4) 사회의 도움과 취약

(a) 사회로부터 도움을 받은 것

"옆에 남편이 있다는 것만으로도 힘이 되더라. 내게 가장 가까운 사람이니까."

"상담 선생님이 교회 목사를 소개해 주어서 성경공부를 하면서 옳고 그름에 대해 재조명하게 되었는데, 그 목사가 내 편 들어 준 것도 아니고 흔들림 없이 성경 구절 보여 주면서 말해 줬어요. 하나님 보시기에 기뻐하지 않는 것이라고. 구역예배도 있었는데 이런 것들이 삶의 원동력이 되었고."

"교회 모임에서 무기력한 남편 때문에 어떤 아내가 '우리 다 같이 죽자'고 했다 하더라. 내가 그 말을 듣고 나는 남편과 안 좋을 때 헤어지자고만 했지. 내가 다 같이 죽자는 각오로 살았으면 같이 잘 살았을 텐데……."

"쉼터의 프로그램에 상담 선생님이 오셔서 인생의 바닥이 아니고 심신이 지쳐 있는 상태일 뿐이다. 지금보다 더 못할 것 없다고 말해서 힘이 되었었고. 이제 올라갈 길밖에 없다는 생각이 들더라고요."

참여자 3은 남편의 존재 자체가 도움이 되며, 상담 선생님, 목사,

구역예배에서 도움을 받은 것을 알 수 있다.

(b) 사회가 취약하게 만든 것

"이종사촌이 심취하고."

"남편이 그놈이 하면 가만히 있었을 것이라며 성인 사이트에 있는 이상한 행동을 하려고 했고……."

"이혼한 사람, 혼자 있는 여자에게 틈을 노리는 세계가 힘들어요."

"가해자가 반성하지 않고 계속 새로운 피해자를 만들어 내고, 그러니까 독일에서 가스실에 목욕하러 간다고 속여서 계속 사망자가 늘어나 죽은 자가 말을 한다면, 여기가 샤워실이 아니라는 정도는 알고 가야 한다고 생각해요. 그 자식에게 따먹히고 싶은 사람만 가야지, 더 이상 나 같은 피해자가 없어야죠. 내가 가만히 있으면 뒷사람도 피해가 가는 거니까. 거짓말하고 숨고 계속 그 짓거리를 해. 그 짓거리는 하룻밤이지만 여자는 평생을 가는 것이니까."

가까운 친척인 이종사촌이 같은 교회에 다니고 있다는 점, 조○○ 목사와 비교하며 성적인 이상행동을 보이는 남편, 그리고 조○○ 목사가 처벌받지 않고 계속적으로 피해자를 만들고 있는 것과 참여자 3이 이혼한 여성이라는 사실이 참여자 3을 취약하게 만들었다.

(5) 종교(신념)의 도움과 취약
(a) 종교(신념)의 도움을 받은 것

"없죠."

(b) 종교(신념)가 취약하게 만든 것

"내가 성경에 대한 지식이 무지한 거."

"지도자에게 말했더니 기도해 준 것인데 세상의 생각이 머리에 떠오른 것 아니냐고 말하더라."

"그 목사가 한 번 말하면 지옥에 갈 수도 있다고 하더라. 내 생명을 좌지우지한다고 그러니 그 목사가 나타나기만 하면 초긴장이고 내 속을 다 알고 있고 읽는다고 생각했고 나의 잘잘못을 다 읽혀 버리는 것 같더라고. 거슬리는 행동조차 못 하고 '왜 이러세요'는 상상도 못 했지. 내 생명도 이 사람 것이고 버릴 권세, 취할 권세가 이 사람에게 속한 것이라고 생각했으니까. 내 인생에 피해를 주지 않고 천국 가는 것까지 책임져 준다고 생각했거든요."

"말하면 안 된다고 교육받아서, 말하게 되면 내가 하는 일이 안 될 것 같고 내가 구원에서 제외될 것 같아서 말하지 못했죠."

참여자 3의 성경에 대한 무지와 교회지도자의 잘못된 인식, 조○○ 목사의 왜곡된 교육, 그리고 신격화된 조○○ 목사에 대한 두려움이 종교적으로 참여자 3을 취약하게 만들었다.

2) 힘의 남용

"성경공부를 다 하니 신입생 면담이 있다고 해서 목사를 만났는데 손을 잡아끌면서 무릎에 앉혔어요. 온몸이 딱딱해지고 정신과 몸이 분리되어 아무것도 할 수 없는 상태에서 뭔가가 뚫고 지나감을 느꼈고. 나오고 나니 기가 막히더라."

"결혼 전에 남편 만나서 잠자리하게 됐는데 남편이 성병에 걸린 거야. 나는 내가 옮겼는지 몰랐죠."

"팔로 무력으로 누른 게 아니라 뭔가에 눌렸어요. 두렵기도 하고……."

조○○ 목사는 신입생 면담이라는 교회의 제도를 이용하여 힘을 남용하였다. 참여자 3이 조○○ 목사로 인해 성병에 걸린 것을 통해 다수의 피해자가 있음을 알 수 있다. 조○○ 목사는 무력은 아니지만 목사의 권위나 신격화된 목사의 직분으로 참여자 3을 억압하여 힘을 남용하였다.

3) 개인 심리

(1) 내적 심리

"마음에 상실감이 크고 기분이 다운되어 사람이 멍하니 안 좋더라. 사랑받는다는 느낌이 단 한 번도 없었고 상실감은 그때 바로 '당했구나'라는 슬픈 생각이 들더라. 정신의 분열이 이루어진 것 같아."

"서글펐다. 뭔가 확 허물어지는 것 같고 내가 이러려고 올바르게 살았나? 성관계에 대한 환상도 있었는데 이런 것도 다 깨지고 뭘 잃어버린 것 같은 느낌, 사랑하는 사람과 가지려고 했던 처음의 것들을 잃은 느낌, 아팠을까 봐 미안해하고 내가 아픈 것도 위로받고 남자는 기분 좋아하고 이런 상상을 가지고 있었는데 퍽 하면서 그렇게 되니까 오래오래 꿈꾸었던 것이 깨어지니까……."

"남편에게 이런 취급받으면서 과거의 죄로 인해 당해야만 하는가 하는 억울함이 느껴져요."

"속았다는 자책감, 내 발로 들어가다니 나는 머저리 바보 병신이구나! 내가 왜 그렇게 살았을까? 헛똑똑이다."

"내 어리석음에 대한 인식이 매사에 어리석은 선택을 하고 말 것 같은 자기 신뢰감의 저하를 가져왔고. 누구를 사랑해도 혹여 즐거워도 이게 시간이 지나면 전혀 다른 판단이 될지도 모른다는 불안감이 늘 나를 괴롭혔어요.”

“남들보다 언어구사력이 좋고 글을 잘 쓰는데, 그러니 다른 사람보다 더 세밀하게 느끼고 외로움이나 아픔이 더 큰 것 같아.”

“구치소에 수감되어 재판받을 때 두려워하는 모습 보면서 통쾌하더라고”

“피해자들의 재판을 돕는 일도 내가 해야 더 열심히 할 수 있고 내가 더 정성껏 할 수 있을 것이고 그러다가 직장에서 나도 피해자라는 사실이 알려져서 직장을 그만두게 되더라도 나는 후회 안 해요.”

“하나님이 날 사랑하는 존재! 나는 행복하게 살아야 하고, 그놈은 큰코다칠 거야. 나는 소중한 존재라는 생각, 존귀함을 받아야 한다고 생각해요. 그 인간은 나를 모욕했고 결국 하나님까지 욕되게 했지. 무슨 실수를 했는지 깨닫게 하고 싶지만 깨닫게 할 자신은 없어요. 그놈 대가리도 나쁘고 세심히 보살필 심성이 아니니 자기가 무슨 짓 했는지 모를 것이니까. 내가 소중하다는 생각을 가지고 좌절하지 말고 청승맞게 어두운 방에서 커튼 속에 있지 않게 하고 그따위 인간에게 짓밟혀서 내가 우울하거나 그늘에 있거나 할 생각이 전혀 없고 보란 듯이 잘 살 거예요.”

참여자 3은 상실감, 정신분열, 기분이 가라앉고, 사랑받는다는 느낌이 없었으며 자책감, 불안감, 외로움과 아픔, 슬픔 그리고 성관계에 대한 환상이 깨어지면서 서글픔을 느꼈다. 자기 자신에 대한 신뢰감의 저하로 자기 판단에 대한 불안감이 생겼고, 과거의 일로 인해 남편에게 대우받지 못할 때는 억울한 마음이 들었으며 가해자 처벌에 통쾌함을 느꼈다. 피해자를 돕는 일에 확신을 가지고 있으며 잘 살 거라고 스스로 약속하고 다짐하며 자신을 위로하는 마음을 가지고 있다.

(2) '용서'와 '하나님 이미지'에 대한 느낌

(a) 용서

> "용서는 내 맘이 편하기 위한 용서, 참회하면 용서받을 수 있겠죠.
> 그런데 자기 무덤을 깊이 파는 것 보면 내가 용서한다 한들 관심
> 밖이에요. 원치 않는 피해자가 안 생기면 되는 거니까 그때 가서
> 용서를 심각하게 고민해 봐야겠어요."

참여자 3은 조○○ 목사에 의한 피해자가 생기는 동안에는 조○○
목사를 용서할 마음이 없다. 참회하면 용서를 받을 수 있겠지만 조○
○ 목사에 대한 용서에 대해 관심을 갖고 싶지 않다. 만약 용서를 한
다면 자신의 마음을 편하게 하기 위한 용서를 할 수 있을 것으로 이
해된다.

(b) 하나님 이미지

> "무한한 사랑, 용납, 기다림, 용서."

참여자 3은 무한한 사랑을 열망하고 있으며 대상의 경계가 느슨해
지는 너와 나의 구분 없는 융합적인 것을 원한다. 마치 소금이 바닷
물에 풀어진 것처럼 융합되고 싶어 하는데 혼자이므로 내가 내 문제
를 해결해야 하는 외로움이 보인다. 자기를 받아 달라는 것이, 수용해
달라는 것이 용납인데 아직도 시간이 더 필요한 것 같다. 기다린다는
말은 회복되기를 자신도 바라고 있다는 말로 해석된다. 아직 회복되
지 않았지만 내가 애를 써서 회복할 상황은 아니고 버티거나 참고 있

으면 좋아질 수 있지 않을까 하는 기대감이 있는 것으로 보인다. 스스로에게 죄책감이 있으며 기다림에서 거리감도 볼 수 있다.

4) 해석학적 구성

참여자 3은 자신의 감정을 표현하는 데 있어서 언어의 표현이나 구사가 뛰어났으며, 인터넷 카페의 카페지기를 통해 왕성한 취미 활동을 하는 여장부 스타일이다. 키는 동년배의 여성들에 비해 큰 편이고 목소리는 차분하지만 자신의 뚜렷한 색깔을 가지고 있었다.

참여자 3은 일반적인 감정 상태와는 달리 가끔씩 자신도 통제할 수 없는 이상 행동을 보인다. 술 마시고 남의 집 앞에서 자거나 택시 기사에게 잠자자고 하고 한 번도 못 본 사람과 입을 맞추고 자학하며 자신을 괴롭히는 이상 행동이 두드러진다. 이러한 현상에 대해 참여자 3의 심리적인 부분을 살펴보고자 한다.

참여자 3은 감정과 내면의 충동을 조절하고 통합하는 자아 기능의 약화로 파편화된 자기의 모습을 보인다. 자기애의 기능은 자기 비평의 욕구와 긍정적인 자기 확신의 욕구 사이에 균형을 유지함으로써 자기의 자존감을 규제하는 것이다. 이러한 자존감은 파편화된 자기의 모습에서 분열되는 경향이 있으며 여성에게는 주로 자기 비하의 형태로 나타난다. 의식과 관련되어 파괴적인 행동으로 향하는 경향을 제한하는 초자아는 성폭력으로 인해서 손상되었음을 알 수 있다. 결과적으로 자기 존중, 즉 자존감이 안정적으로 내면화되지 못하여 자기 신뢰감 저하로 불안감을 가지고 있으며, 스트레스에 압도되면 급격한 기분 변동을 보이거나 퇴행하는 것으로 나타난다.

참여자 3의 성폭력 사건은 공소시효가 지났지만 최근에 발생한 성폭력 피해자의 법적 소송을 도와 가해자를 처벌함으로써, 자신의 억압된 욕구나 충족을 보다 사회적으로 용납될 수 있는 형태로 승화시켜 만족을 얻고자 하는 효과적인 방어기제가 작동되었다. 현재 참여자 3은 대인 관계나 사회적 활동에 성숙한 모습을 보여 주고 있다.

성 권력의 관점에서 볼 때 신격화된 남자 목사가 신입생 면담에 관한 권력을 가지고 어린 여자 대학생이자 그 교회의 초신자에게 일방적인 힘을 행한 것은 힘의 남용이라 할 수 있다. 많은 신입생들 중에 담임목사가 참여자 3을 만나 주는 것만으로도 대단한 것으로 여기게끔 만든 침묵의 공모자 역할은 참여자 3의 이성을 마비시켜 성폭력 피해자로 생각하지 못하게 만들었다. 이러한 이유로 참여자 3은 교회 내 성폭력을 인정하고 자신이 피해자임을 인식하기까지 수년의 시간이 필요했고, 그러한 피해를 인식한 이후, 엄청난 정신적 공황 상태를 겪게 되었으며 형사고소의 공소시효는 만료되었다.

교회를 나와 사랑하는 사람과 가정을 이루며 결정적으로 남편의 도움으로 성폭력 피해 사실을 시인하게 되었지만 이러한 사실은 부부생활에 도리어 걸림돌이 되었다. 결혼과 성에 대한 꿈과 희망을 가지고 있던 여대생 시절에 일어난 이 하나의 사건으로 꿈은 물거품이 되어 사라졌고, 사랑하는 남편과 싸우게 되고 급기야 이혼까지 하게 되었으며 사랑하는 아이마저 더 이상 보기 어렵게 되었다. 그래서 참여자 3은 이 모든 아픔을 지닌 채 저항해야 했다.

교회의 구조적이며 조직화된 악의 세계가 준 영향은 참여자 3에게 성에 대한 바른 인식을 갖지 못하게 하였다. 2년도 채 있지 않은 그곳에서 참여자 3은 영혼을 저당 잡히고 있었던 것이었다.

언어적 표현과 비언어적 메시지에서 불일치를 보여 주고 있는 참여자 3의 하나님 이미지에 대해서는 긍정적, 부정적 이미지의 양면을 살펴보고자 한다. 긍정적 이미지는 자신의 어떤 모습이라도 하나님은 무한하신 사랑으로 자신을 수용하고 용납하신다는 기대감을 볼 수 있다. 설령 그 기대감이 충족되지 않거나 상처가 치유되는 시간이 늦어지더라도 기다릴 수 있다는 것은 자신을 향한 변함없는 하나님의 사랑과 그 시간을 믿기 때문이다. 그리고 그러한 하나님의 사랑을 알기 때문에 자신 또한 그 안에서 치유받고 위로를 받는다면 신앙의 성숙한 단계까지 갈 수 있다는 희망을 엿볼 수 있다. 용서의 하나님은 성폭력으로 인해 가족 해체로 이어진 남편의 상처나 자녀의 고통에 대해서도 하나님이 함께해 주시길 소망하는 모습으로 해석된다. 또 다른 한 면인 부정적 이미지는 위의 해석과 동일하다.

이제 참여자 3은 다시 일어나 법률사무소에서 자신과 같은 피해를 입은 여성들을 적극적으로 돕는 일을 하면서 이 사회에 그리고 조○○ 목사에게 끊임없이 저항의 화살을 쏘아 대고 있다. 저항의 힘이 강해지면 악의 힘이 약해질 수밖에 없음을 희망하면서 악의 가면을 쓰고 있는 조○○ 목사에게 더 이상 그런 나쁜 짓을 하지 말라고 절규하고 있다.

4. 참여자 4

1) 대주제에 따른 자료 분석

(1) 사건의 개요

참여자 4는 20대 후반의 미혼 여성으로 2003년에 성폭행을 당했고, 그해 가해자 김○○ 목사를 고소하였다.

교회에서 열성적인 신도였던 참여자 4는 늘 신뢰하고 존경하던 김○○ 목사를 만나고자 친언니와 함께 해외여행을 갔고, 김○○ 목사가 묵고 있던 호텔 숙소에서 친언니와 함께 성추행과 성폭행을 당했다.

참여자 4는 성이 뭔지 아는 나이였는데도 성폭행이라고 인식하지 못할 정도로 정신적인 공황 상태를 겪었고, 아프고 싫은 일이었지만 그때까지 김○○ 목사가 신뢰의 대상이었기에 경찰에 신고하기는커녕 반항하거나 도망치는 것도 생각할 수 없었다. 일단 조용히 한국에 돌아가는 것이 급선무라 생각하여 김○○ 목사에게 한국에서 부모님이 찾는다고 말하고 친언니와 함께 돌아왔다.

김○○ 목사는 자신이 신앙의 거장이라면서 자신이 원해서 한 것이 아니라 예수님이 시켜서 행한 행위라며 처녀여서 좋았다고 말하고, 많은 사람들 중에 특출한 것도 없는데 택함을 받은 것이라 하였다. 김○○ 목사는 자신의 성행위가 참여자 4의 믿음을 시험하는 행위처럼 가장해서 자신을 신앙의 거장으로 믿게 하였고, 이런 비밀을 다른 사람에게 말하면 저주받아 죽는다고 위협하였다.

참여자 4는 교회의 다른 지도자들에게 김○○ 목사는 성관계가 절대 없고 훌륭하신 분인데 교회를 떠난 사람들이 음해하는 것이라고 들어 왔으나 성폭행을 당하고 나서야 지도자들의 말이 거짓인 것을 알게 되었다.

두려움에 떨던 참여자 4는 친하게 지내던 오빠에게 그런 사실을 말하게 되었고 또 다른 피해자가 생기면 안 된다는 생각으로 김○○ 목사를 형사 고소하였다.

(2) 저항의 내용

> "일단 조용히 한국에 돌아가야겠다고 생각하고, 머리를 짜서 부모
> 님이 찾는다고 해서 돌아왔어요. 마음을 꿰뚫어 본다는 사람이라더
> 니 그런 것도 모르고 우리를 보내 주었어요."

> "내가 전도한 사람에게 이야기하고, 나를 좋아했던 남자에게 말했어요"

> "내가 다른 피해자의 증인이 되겠다고 했어요."

> "그러니까 그놈으로부터 도망가고 싶다는 말을 하지 마세요. 정도
> 로 표현한 거예요. 그리고 완전 인연을 끊었어요. 이건 아니라는
> 그런 상식이 내게 있었던 것 같아요."

> "경찰에 고소하고 기자회견해서 가해자는 법정에 왔으면 좋겠다고
> 요구했고 인터넷 게시판에도 글을 남겼어요."

> "남친(남자친구)이 자기 교회 데리고 가서 담당 목사랑 상담을 시
> 켰는데, 도와 달라고 피해자라고 밝히고 굉장히 용기 내서 이야기했
> 었어요."

참여자 4는 피해 의식에 사로잡혀 저항을 포기하는 것이 아니라
이성적인 모습으로 자신을 김○○ 목사로부터 분리시키고 김○○ 목
사를 속여서 안전한 장소로 이동하여 일을 처리하는 훌륭한 저항의
모습을 보였다. 또 다른 피해를 막기 위해 자신이 전도한 사람에게
이야기하고, 믿을 만한 주위의 사람에게 교회의 비밀을 밝힌 것은 김
○○ 목사에 대한 강력한 저항이라 할 수 있다.

김○○ 목사에게 피해를 입은 다른 피해자의 증인이 된다는 것 또
한 김○○ 목사에 대한 강한 저항이다. 사건 당시 김○○ 목사는 참
여자 4가 성폭행임을 깨닫지 못하도록 종교적인 일인 것처럼 왜곡했

음에도 하지 말라는 '말'로 자기 의사를 밝히며 의식 있는 저항의 태도를 보여 주었다. 탈퇴 또한 좋은 저항의 형태이다.

참여자 4는 언론을 통해 자신의 피해 사실과 억울함을 공론화시키고 김○○ 목사에게 법의 심판을 받을 것을 요구하며 지지 세력을 얻어 자신의 뜻을 관철시키는 영웅적인 저항의 모습을 보여 준다.

남자 친구가 다니는 교회에 피해 사실을 밝히는 것은 어느 때보다 용기가 필요했고 용기 있는 저항의 행동이었다.

(3) 치유의 경험과 방해

(a) 치유의 경험

"피해당하고 나서 아! 여기는 아니구나 하고 알았어요."

"학교에서 학생들에게 공짜로 상담해 준다는 것을 처음으로 알고 상담을 했는데 괜히 눈물이 나고 내 인생인데 다른 사람을 대신해서 살려고 하니 힘들다는 것을 상담을 통해 알게 됐어요. 이걸 알게 되면서 그림을 그리게 되었어요. 내 존재의 이유를 타인에서 나로 바꾼 계기가 되었고, 그리고 나서 좀 편안해진 것 같아요. 지금은 마치 아무 일도 안 일어났던 것 같아요. 그래서 이야기하려니 잘 생각이 안 나요(웃음)."

"학교에서 상담받은 거라고 해야 하나? 작년에 졸업했고, 재작년에 상담받았어요. 상담받고 난 이후로 우울하지 않아요. 남친(남자친구) 없어도 살 수 있을 것 같고, 이런 것이 치유받은 것 같아요. 상담하면서 제가 울면서 남친이랑 헤어지면 안 된다고 했더니 상담하는 사람이 '헤어지면 왜 안 되는데요?' 했는데 질문을 잘하셨는지 모르겠지만 그때 내가 이런 사고방식을 가지고 있다는 것을 알게 됐어요."

참여자 4는 상담을 통해 많은 치유의 경험을 했음을 알 수 있다. 학교 상담센터의 상담을 통해 자신의 존재 이유를 타인에서 자신으로 바꾸는 계기가 되어 자존감을 회복하면서 자신의 전공인 그림을 그릴 수 있게 되었다. 상담받고 난 이후에는 우울함이 없어졌으며 자신의 사고방식에 대해 점검하게 되면서 자기 자신에 대해 인식하게 되었다. 또한 김○○ 목사가 가해자임을 명확히 인식하였고 가해자를 규정하여 명명하기를 통해 치유의 경험을 하게 되었다.

(b) 치유에 방해가 된 내용

"그게 거짓말인지 알게 되었어요. 그런데 거짓말인지 알았는데도 무서워."

참여자 4는 사실을 인지하는 이성을 가졌음에도 불구하고 교회의 왜곡된 교육으로 인하여 여전히 무서움을 느끼고 있음을 볼 수 있다.

(4) 사회의 도움과 취약
(a) 사회로부터 도움을 받은 것

"내가 6개월 정도 상담받고 조금 나아졌어요. 내가 늘 희생하는 편인데 지금은 좀 나아졌죠."

"큰언니에게 말하니 산부인과 검사받게 해 주고 아무 일도 없었던 듯이 대해 주었어요."

"고시원에서 잠시 지낼 때, 꿈에서 내가 죽었는데 너무 생생해요. 병들어 죽는 과정이 현실처럼 느껴지고, 사랑하는 사람에게 인사 다 하고 죽었는데 아래로 갈수록 신을 안 믿는 거고 위로 갈수록 신을 믿는 건데 누군가가 딱 가운데를 가리키며 네가 여기 있다면

서 더 잘 믿으라고 하며 살려 준다고 했어요. 그러고 난 후 친구 따
라 성당에 가 보니 아무도 뭐라고 안 했어요. 좋은 거 같아요."

참여자 4는 성당에 가서 누구의 간섭도 없는 편안함을 가질 수 있
어서 좋았고, 큰언니로부터는 의료적 도움과 사랑을 받았으며 상담을
통해서는 심리·정서적 도움을 받았음을 알 수 있다.

(b) 사회가 취약하게 만든 것

"좋아하는 오빠였는데 나를 타박하기 시작했어요. 이미 지나간 과
거인데 한이 되었는지 2년 만나다가 헤어졌죠. 1년 정도는 자기가
응어리져 있는 걸 티 안 내다가 그 후엔 계속 너는 순결이 없으니
할 말이 없고, 말대꾸할 자격도 없다고 했어요. 굉장히 심한 말인
데 내가 정상적인 사고방식이 안 돼서 그런지 그 당시에는 미안해,
내 잘못이야 그러면서 계속 사귀었어요. 그다음 남자 사귀면서도
내가 똑같은 심리상태 가지고 있으니 힘들었어요."

"사회로부터 도움받은 적 없어요. 고소하는 과정이 더 비참하게 만
들어요. 이해 못 하고, 폭력이나 협박이 없었는데 이해가 안 간다
고 해요. 검찰청이나 법원이나 피해자 입장으로 다녀야 하니까 피
해자 입장이 수치스럽고, 서류 내러 가서 접수자에게도 내가 피해
자라고 말하는 것이 어려웠어요. 인터넷에서 내 이름이 올려지고
무서운 글이나 협박 글이 남겨져서 제가 고소했는데 저만 바보 되
고 끝났어요. 어디에 사는 몇 살(나이)의 박○○라고 안 했으니 법
으로는 안 된대요. 불특정 다수가 알아야 그게 죄라는 거예요. 얼
마나 무서웠는데……."

참여자 4의 사회적 대인관계에 있어서 좋아하는 오빠의 타박은 불
안정한 심리상태를 야기하여 참여자 4의 취약성이 되었다. 참여자 4
가 고소하는 과정 또한 참여자 4를 비참하게 만들었으며 검찰청이나

법원 심지어 접수자에게도 피해자라고 말해야 하는 사회 제도가 참
여자 4를 취약하게 만들었다. 인터넷에 올라온 협박 글에 대해 무서
움을 느끼고 고소한 사건마저 무죄로 끝나 참여자 4를 더욱 취약하게
만들었음을 알 수 있다.

(5) 종교(신념)의 도움과 취약
(a) 종교(신념)의 도움을 받은 것

"없어요."

(b) 종교(신념)가 취약하게 만든 것

"혹시 모른다는 그런 생각? 왠지 비행기가 추락할 것 같고, 개인적
으로 조금만 안 좋은 일이 생겨도 걱정되고, 그림도 못 그렸어요."

"신앙생활을 오래 했다는 사람들이 마치 자기가 겪은 일처럼 그놈
마음을 거슬려서 죽었다는 이야기를 많이 해 주었어요. 사실은 근
거 없는 이야기일지도 모르는데 늘 보고 듣다 보니 마치 겪은 것처
럼 느껴졌어요."

"현실과는 맞지 않는 사고방식, 차라리 백지 상태였으면 좋겠는데
1＋1＝3이고, 2＋2＝5라는 공식이 머리에 남아 있는데 간간이 3＋3
＝6이라는 것이 있는 거예요. 어떻게 솎아야 할지 기준이 없으니까
모르는 거예요. 고등학교 때부터 그 교회를 다니다 보니까 관계성
이나 사회성에서 사고가 좀 이상해진 거 같아요."

"기독교가 싫어져서 교회를 나갈 수가 없죠. 지난번에 교회 갔는데
이제 일어나서 찬양하고 박수 치고 이런 게 싫었어요. 여러 가지
감수하고 용기를 내서 이야기했는데 거기서 실망했고, 어떤 도움도
못 받았어요."

참여자 4는 신앙생활을 오래 했다는 사람들의 사실무근의 이야기와 청소년 시절부터 다니면서 받은 왜곡된 교회 교육으로 인해 관계성과 사회성에서 문제점을 가지게 된 것이 취약성이 된다. 기독교가 싫어지고 어떤 도움도 받을 수 없었던 교회 또한 참여자 4의 종교적인 취약성으로 해석된다.

2) 힘의 남용

"그놈은 자기가 신앙의 거장이라면서 내가 하고 싶어 그런 거 아니다, 예수님이 시켜서 하는 거라고 했어요."

"그런 행위가 나의 믿음을 시험하는 행위처럼 가장해서 자신을 신앙의 거장으로 믿고 도망 못 가게 했죠."

"이런 거 말하면 너 죽는다고 해서 아무하고도 이야기를 못 했어요 자기 거슬리게 하면 저주받는다고 그게 무서워서 아무 말도 못 했어요."

김○○ 목사는 스스로 신앙의 거장이라며 자신을 신격화하였고 예수님이 시켜서 하는 일이라고 거짓을 말하며 성폭력을 믿음을 시험하는 행위로 위장하였다. 그리고 김○○ 목사가 사건에 대해 말하면 죽는다고 위협한 것은 목사의 권위로 참여자 4를 억압한 힘의 남용임을 알 수 있다.

3) 개인 심리
(1) 내적 심리

"처녀여서 좋았다는 말을 들으면서 완전 혐오감이 들었어요."

참여자 4는 어떤 다른 감정보다 혐오감을 강하게 느낀 것으로 이해된다.

(2) '용서'와 '하나님 이미지'에 대한 느낌
(a) 용서

"가식적인 말 같아요. 용서라기보다는 극복하는 것 같아요. 내가 너를 용서한다 하면 더 높은 위치에 있는 것 같고, 나에게 피해를 준 거라면 내가 극복해야 하는 거 같아요."

참여자 4는 용서라는 말 자체가 가식적인 말로서 동등한 위치에서, 피해 사실에 대해 극복해야 하는 현실감이 강하게 작용하고 있음을 알 수 있다.

(b) 하나님 이미지

"전지전능, (손으로 입을 가리고 웃으며) 이건 형식상 이야기한 것이고요……. (한참 고민하다 신중하게) 인내하시는 분, 그때그때 성질 부려서 냄비처럼 심판하시는 분이 아니고 아무렇지 않게 인내하는 것이 아니라 괴롭지만 인내하시는 신이신 것 같아요."

참여자 4는 김○○ 목사에게 즉각적인 벌을 주지 않으시는 하나님이지만 그 하나님이 괴로워하며 나의 아픔을 아시는 하나님이라고 말한다. 그러한 하나님의 이미지는 인내하며 참고 있는 자신의 모습이 투사되어 있다. 아무런 일이 없었던 것처럼 살고 싶지만 그렇지 않은 현실 속에서 하나님도 인내하며 함께하심을 믿고 있다.

4) 해석학적 구성

참여자 4는 화장기 없는 맑은 피부에 흰 치아를 드러내며 미소 짓는 모습이 첫눈에 보아도 청순하고 예쁜 얼굴이다. 천천히 조심스럽게 이야기하는 모습이 생각을 많이 하고 하는 말들이라 짐작되었으며 감정이 복받쳐 올라왔을 때는 감추지 않고 조용히 눈물을 흘렸다.

성 권력의 관점에서 살펴보면 김○○ 목사는 힘의 남용에 있어서 전형적인 악의 형태를 가진다. 김○○ 목사는 신앙의 거장으로서 참여자 4의 믿음을 시험하는 것처럼 위장했고, 사실을 누설하면 저주받아 죽는다고 위협했다. 결국 참여자 4는 많은 침묵의 공모자들에 의해 고교시절부터 믿고 존경하던 김○○ 목사에게 성폭행을 당하였다.

오랫동안 구성된 악한 시스템의 유지는 많은 사람들의 공모를 요구하므로 많은 사람들이 참여하지 않는다면 악은 유지될 수 없다. 참여자 4는 이러한 공모에 반기를 들고 악에 저항하는 영웅적인 행동을 보인다. 참여자 4의 저항은 차분하게 악의 시스템 자체를 방해하고 있다.

참여자 4의 영웅적인 저항에 대해 김○○ 목사가 담임목사로 있는 교회는 참여자 4를 정신병자로 몰았고, 침묵의 공모자들은 악의 중심이 되는 김○○ 목사의 지시에 따라 참여자 4를 회유하고 억압하였다.

참여자 4는 가족에게 특히 엄마에게 알려지는 것이 너무 힘든 일이었고, 언니의 피해가 참여자 4로 인해 일어났다고 생각하여 더욱 자책감에 빠지게 된다. 그러나 엄마는 모든 사실을 알고도 참여자 4에게 별말씀을 하지 않으시며 함께 싸워 주었고, 언니 또한 참여자 4에게 큰 힘이 되었다.

참여자 4는 돌아오는 비행기 안에서도 왠지 모를 불안감을 느끼며 마음과 영혼이 가해자로부터 분리되지 못하고 있는 불안정한 구도를 보인다. 이러한 현상은 교회 내 성폭력 피해자에게서 보이는 특이한 점이라 할 수 있다.

참여자 4가 남자 친구와의 관계에서 어려움을 가진 것은 파편화된 자기의 애착과 관련하여 해석될 수 있다. 애착은 사람의 의존적인 욕구와 연관된 리비도와 관련되어 있으며 남자인 경우 고립, 여자인 경우 공생으로 분열된다. 참여자 4는 이러한 공생의 형태를 보여 타인 속으로 흡수되어 가고자 하는 경향이 있어 자신의 경계선의 감각을 상실하였다. 참여자 4는 상담을 통하여 자신의 이러한 모습을 직면하게 되었고 현재는 자신의 일에 몰두하여 전문성을 인정받고 있으며 건강한 애착 유형을 가지게 되었다. 참여자 4는 "우리 집 고양이는 제 말을 가장 잘 듣고 저를 좋아해요. 저는 고양이가 혼자 있고 싶어 할 때면 저도 고양이를 만지지 않아요"라고 말한다. 고양이의 마음까지 알고 배려해 주는 아름다운 예리함을 가졌다. 내가 만지고 싶을 때 만지고 내가 오라고 하면 와야 하는 자기중심적인 삶이 아니라 자기의 경계선을 인정하듯 상대방의 경계선도 인정하는 안정적인 정서 상태를 나타내고 있다. 참여자 4의 감정 반응은 적절하였으며 특히 어머니에 대한 이야기에서 진솔한 감정을 느끼고 표현하였다.

참여자 4는 법적인 저항을 하면서 사회 기관과 제도의 악을 또 만났다. 아직 어린 나이에 자신의 입으로 성폭력 피해자임을 밝히면서 접수대를 오가야 했지만 참여자 4는 악에 저항하는 이 시대의 영웅이었다.

참여자 4가 보내 준 판결문은 저항의 힘을 북돋아 준다.

<표 Ⅳ-4> 참여자 4의 판결문

서 울 중 앙 지 방 법 원
제 ○○ 형사부

판   결

사건   2008 고합○○○ 강간, 강제추행
피고인   김○○
        주거 대전 ○○○
검사   ○○○
판결선고 2008. 8. ○○

주   문

피고인을 징역 ○년에 처한다. 원심판결 선고 전의 구금일수를 위
형에 산입한다.

양 형 이 유

이 사건 각 범행은 피고인이 젊은 여자 신도들을 강간하는 등 수차례 성폭행한 것으로
서 구체적인 범행 내용이나 수단, 방법의 면에서 죄질이 극히 불량한 것으로 인정될 뿐
만 아니라, ……중략…… 기타 피고인이 이 사건 피해자들 이외에도 유사한 방법으로 여
성 신도들 수 명을 성폭행한 이유로 확정 판결된 전과가 있는 점 등 피고인의 성행, 환
경, 이 사건 각 범행의 동기와 경위, 범행 후의 정황 등 기록에 나타난 모든 양형 조건을
종합하여 주문과 같은 형을 선고한다.

법령의 적용

형법 제297조(강간), 제298조(강제추행), 제299조(준강간), 형법 제57조(원심판결 선고 전
구금일수의 산입)

재판장 판사 박○○, 판사 서○○, 판사 김○○

제5장 중심 주제별 질적 연구

필자의 질문지로 인터뷰한 결과, 성 권력의 구조와 악과 악에 대한 저항이라는 중심 주제가 추출되었으며 이러한 중심 주제를 질적 연구 방법으로 분석하였다.

제1절 성 권력의 구조

1. 힘의 구조

성폭력 사례에서 피해자는 조직 내에서 가해자에 비해 여러 가지 취약점을 가지고 있다. 가해자는 조직 내에서 존재하는 힘의 불균형을 이용하여 힘을 남용하고 폭력을 행사한다. 피해자와 가해자의 힘의 불균형을 목록화하여 살펴보면 아래와 같다.

〈**표** Ⅴ-1〉 피해자와 가해자의 힘의 구조

참여자	피해자	가해자
참여자 1	여성 신도, 결혼한 지 11년인데 아이가 없음, 어머니 폐암, 가족 전체가 교회 일을 함	남성 목사, 엄마와 신학교 동기, 결혼 주례자, 가족에 대한 생계를 쥐고 있음, 기도의 능력자, 교회 직분에 관한 권력
참여자 2	여성 신도	남성 목사, 심방에 대한 권리
참여자 3	여성 신도, 성경에 대한 무지	남성 목사, 신입생 면담 권력
참여자 4	여성 신도	남성 목사, 훌륭한 목사, 신앙의 거장

성폭력 피해자는 모두 여성 신도이며 가해자는 전부 남성 목회자이다. 남성 가해자들은 교회에서 여자 피해자보다 힘의 우위를 보이는 권력이나 권리를 행사할 수 있는 직분을 가지고 있음을 알 수 있다.

눈에 보이는 직분이나 지위도 힘의 우위를 알 수 있는 중요한 요소이지만 훌륭한 목사, 신앙의 거장, 기도의 능력자라는 눈에 보이지 않는 요소 또한 여성 피해자에게 압력으로 작용하여 가해자가 힘의 남용을 합리화시키는 데 기여하였다.

2. 사회·종교적 힘의 작용

피해자가 사회나 종교로부터 도움받은 목록과 사회나 종교가 피해자를 취약하게 만든 목록을 작성하면 아래의 표와 같다.

〈**표** Ⅴ-2〉 사회로부터 도움받은 목록

참여자	사회로부터 도움받은 항목
참여자 1	피해자 고백, 상담, 남편, 증거 자료 검증
참여자 2	남편, 성폭력 상담 기관
참여자 3	남편, 상담, 교회 목사, 구역 예배
참여자 4	상담, 큰언니, 성당, 친구

　참여자들은 상담기관이나 상담을 통한 도움을 가장 많이 받았으며 가족, 주변인 순으로 나타났다. 교회 내 성폭력 피해자라고 하더라도 다른 교회의 목사나 구역 예배를 통해 도움을 받았다. 하지만 참여자 3과 참여자 4는 종교로부터 도움받은 것이 없다고 진술하였다. '구역 예배', '목사'의 항목은 상담 선생님이 소개해 준 목사로부터 도움을 받았기에 참여자 3의 진술에 따라 사회로부터 도움받은 항목으로 분류되었고, '성당'의 항목 또한 친구를 따라 성당에 가서 편안함을 느꼈기에 참여자 4의 진술에 따라 사회로부터 도움받은 항목으로 분류되었다.

〈표 Ⅴ-3〉 종교로부터 도움받은 목록

참여자	종교로부터 도움받은 항목
참여자 1	없음
참여자 2	기도, 하나님
참여자 3	없음
참여자 4	없음

　성폭력 피해자들은 종교와 성폭력 사건을 연결시키지 않고 스스로 해결해야 한다는 생각을 가지고 있었기 때문에 종교로부터 도움받은 항목이 매우 부족하였다.

〈표 Ⅴ-4〉 사회가 취약하게 만든 목록

참여자	사회가 취약하게 만든 항목
참여자 1	신랑, 동생, 올케, 사회에 이야기할 수 없으니 숨기게 됨, 직장에서 핑계거리 만들어서 법원 출두, 경제적 빈곤, 교회 사람들
참여자 2	재판소, 남편, 법적인 무지, 경제적 취약, 아이들, 잘못된 통념
참여자 3	이종사촌, 남편, 직장에서 피해 사실이 드러날까 두려움, 이혼녀, 가해자가 처벌받지 않고 계속 피해자를 생산하는 사실, 여자에게 평생 상처
참여자 4	좋아하는 오빠, 고소 과정, 검찰청, 법원, 접수처, 협박 글, 경찰

성폭력에 대한 잘못된 사회적 통념으로 인해 누구에게도 말하기 어려운 현실은 직장인에게 많은 불편함을 가져왔다. 특히 사회 기관은 시설 및 교육과 인력 등의 구조적인 한계로 인해 성폭력 피해자들을 보호하는 장치가 허술하여 피해자들에게 가장 큰 취약점을 안겨 주고 있었다.

피해자들이 가족으로부터 많은 도움을 받기도 하지만 가족들에 대한 피해자의 자책감이나 가족들이 가해자의 회유에 동조하거나 피해자의 입장과 대치되는 경우 가족으로 인해 힘들어하는 것을 알 수 있었다.

개인의 경제적 빈곤과 주거지 취약은 성폭력 피해자로서 전형적인 약자의 요소이다.

참여자 3의 경우 사회로부터 도움받은 목록에서는 존재적인 남편을, 사회가 취약하게 만든 목록에서는 역할로서의 남편을 말하고 있다. 참여자 2 역시 남편에게 도움을 받았지만 모든 것을 다 말할 수 없는 입장을 언급하였다. <표 Ⅴ-4>의 목록들은 이차적인 피해를 낳게 하는 원인이 되었다.

〈표 Ⅴ-5〉 종교가 취약하게 만든 목록

참여자	종교가 취약하게 한 항목
참여자 1	목사의 권위, 맹신, 교회 중심적 삶, 안수 기도에 대한 신뢰, 교회 복지에 대한 희망, 목사에 대한 과신, 내가 괜한 생각을 한다고 여김, 교회에 남아 있는 신도, 막연한 두려움, 무서움, 교회, 권위, 기도원
참여자 2	성경, 목사의 권위나 위치, 왜곡된 교육, 의심이 가도 말 못 함, 맹신
참여자 3	성경, 왜곡된 교육, 신격화된 목사, 교회 지도자
참여자 4	신앙생활 오래 했다는 사람, 하나님이 아니라 기독교에 대한 실망, 잘못된 교육, 거짓 복음, 가해자가 진짜 신앙의 거장일지 모른다는 생각, 신격화 교육

가해자가 목회자이면서 성폭력 피해자가 교회에 장기간 출석한 경우 피해자의 취약성의 정도가 컸다. 목사의 권위와 왜곡되고 잘못된 교육은 피해자들로 하여금 저항의 용기를 훼손시켰고, 자신의 잘못된 선택에 대한 자책감으로 고통받게 만들었다. 피해자들이 거짓 복음이나 왜곡된 교육이었음을 깨닫고 교회를 나오고서도 가해자인 목사에 대해 막연한 두려움이나 무서움이 남아 있는 점은 교회 내 성폭력에서 나타나는 특징이다.

종교적 취약성은 피해자에게 신체적·정신적·정서적·영적인 부분까지 영향을 준다. 신체적으로는 성폭력을 당하고, 정신적으로는 잘못된 사고방식을 가지게 되며 정서적으로는 막연한 두려움과 무서움을 느끼고 영적으로는 맹신함으로 인해 인간성 상실의 상황에까지 이르게 된다.

3. 사회적 책임

성 권력에 의한 성폭력은 사회적인 범죄 행위로서 피해자의 피해 정도에 따라 사회적 책임이 따라야 할 것이다.

1) 가해자의 범죄

대한민국 형법 제32장의 강간과 추행의 죄[142]는 친고죄이므로 상

---

142) 제297조(강간) 폭행 또는 협박으로 부녀를 강간한 자는 3년 이상의 유기징역에 처한다.
　　제298조(강제추행) 폭행 또는 협박으로 사람에 대하여 추행을 한 자는 10년 이하의 징역 또는 1,500만 원 이하의 벌금에 처한다. 〈개정 1995. 12. 29.〉
　　제299조(준강간, 준강제추행) 사람의 심신상실 또는 항거불능의 상태를 이용하여 간음 또는 추행을 한 자는 전 2조의 예에 의한다.
　　제300조(미수범) 전 3조의 미수범은 처벌한다.
　　제303조(업무상 위력 등에 의한 간음) 업무, 고용 기타 관계로 인하여 자기의 보호 또는 감독을 받는 부녀에 대하여 위계 또는 위력으로써 간음한 자는 5년 이하의 징역 또는 1,500만 원 이하의 벌금에 처한다. 〈개정 1995. 12. 29.〉 법률에 의하여 구금된 부녀를 감호하는 자가 그 부녀를 간음한 때에는 7년

해 또는 살인 등의 물리적인 피해가 있는 경우를 제외하고 피해자의 고소가 없이는 공소를 제기할 수 없다.

각각의 연구 사례에 대하여 법해석상 논란의 여지가 있을 수 있지만 형사고소의 시효 이내에 피해자의 고소가 있고, 명백한 증거가 있음으로 인하여 재판이 진행될 경우를 전제로 형법상 가해자의 범죄를 구분하면 다음과 같다.

참여자 1의 경우 항거불능 상태에서 이루어진 성폭행으로, 그 행위가 임신을 위해 안수 기도를 받는 연장선상에서 이루어졌으며 그러한 종교적 의식 이후, 피해자의 거부로 인하여 성폭행이 재발되지 않았다. 따라서 가해자에게 형법 제299조를 적용, 위계에 의한 준강간죄를 적용할 수 있다. 실제 고등법원의 판결에서는 증거불충분 등의 사유로 형법 제303조 위계에 의한 간음죄가 적용되었다.

참여자 2의 경우 항거불능 상태에서 이루어진 성폭행이라 할지라도 약 6년에 걸쳐 그러한 상태가 지속되었고, 가해자에게 수차례에 걸쳐 돈을 빌려 주었으며, 가해자의 아내에게 미안한 마음이 드는 등 참여자 2에게 선택의 기회와 시간이 전무하지 않았다는 점을 참작할 때, 형법 제303조 위계에 의한 간음죄를 적용할 수 있다.

참여자 3의 경우 피해자가 성폭행을 예견할 수 없었고, 피해를 당한 직후 느낀 상실감이 매우 크며 탈퇴한 이후에도 10여 년 가까이 정신적인 항거불능의 상태가 지속되었다. 정신적 외상으로 인한 고통에 시달렸고 남편과의 이혼 이후, 다른 피해자를 돕는 등 참여자 3의 피해와 저항이 명백함으로 형법 제299조 위계에 의한 준강간죄를 적용할 수 있다.

이하의 징역에 처한다.

참여자 4의 경우 성폭행이 가능하도록 조직화된 구조와 악의 공모자들 사이에서 더 큰 위험에 빠지지 않기 위해 거부하지 못하고 한국으로 돌아와 형사 고소를 한 점으로 보아 형법 제299조 위계에 의한 준강간죄를 적용할 수 있다. 실제 대법원의 확정판결에서도 형법 제299조가 적용되어 가해자에게 중형이 선고되었다.

2) 피해의 정도

피해자가 느끼는 정신적 외상의 정도는 주관적인 것이므로 피해의 경중에 상관없이 피해의 정도가 다르다. 피해자의 성격, 주변 환경 등의 요인에 따른 차이는 논외로 하고, 피해자의 피해를 몸과 마음, 영혼으로 구분해서 피해의 정도를 설명해 보고자 한다.

참여자 1(기도원에서의 위계에 의한 준강간), 참여자 2(위계간음), 참여자 3(위계에 의한 준강간), 참여자 4(위계에 의한 준강간)의 경우 위계에 의한 준강간, 간음으로 몸과 마음, 영혼까지 유린당했으므로 피해자가 느끼는 피해는 상당히 깊다고 볼 수 있다. 특히, 참여자 2의 경우에는 위계의 기간이 6년 동안 지속되었고, 참여자 3의 경우에는 2년 동안 지속되었으므로 참여자 1, 참여자 4에 비해 피해가 깊다고 볼 수 있다.

참여자 2의 경우 위계에 의한 간음은 준강간에 해당되지 않을지라도 참여자 3과 비슷한 피해의 깊이를 가진다고 볼 수 있다.

위의 사례로 보면 목사에 의한 목회자 성폭력은 친족성폭력과 유사한 점이 많다.[143] 피해를 당한 피해자가 가해자를 가해자로서 인지

---

143) 1. 교회를 떠나는 것을 전제로 하지 않고서는 피해자의 저항에 한계가 있다. 이것은 성폭력을 가한 아버지에게 거의 저항하지 못하는 자녀의 경우와 유사하다. 2. 목회자와 피해 신도의 사이가 매우 가깝고 자주 접촉하는 관계에서 일어난다. 이미 신뢰가 형성되어 있어 어떤 방어도 없는 상태에서 쉽게 경계선을 침범할 수 있는 유사짐이 있다. 3. 피해지기 그 교회를 떠나기 전까지는 가해자를 목회자로 부르고 대우

하기까지의 기간 동안 치유의 과정이 느려지거나 일시 중단되며 피해자 스스로가 이를 강간으로 인정하는 것이 심히 어렵고, 가해자에게 느끼는 막연한 신뢰, 또는 사랑하는 마음 등의 무의식을 깨뜨리고 회복하는 데 많은 노력과 시간이 소요되었다.

하나님의 이름으로 피해자의 영혼까지 지배하며 농락한 힘의 작용은 일반적인 강간으로 인한 피해자의 피해 정도보다 더 심각한 후유장애를 겪게 된다. 이러한 힘의 남용은 향후, 하나님과 인간 사이의 관계를 단절시키는 역할을 할 수 있으므로 피해자의 입장에서 볼 때 가장 깊은 범죄 행위라 할 수 있다.

3) 사회적 책임

힘의 남용이 시작되는 악의 시스템에 대해서 사회나 국가 차원에서 힘을 미칠 수 있는 지도와 감독 그리고 제도적인 장치가 분명히 필요하다. 특히 교회 내 목회자 성폭력은 힘의 남용이 작용하는 상황 자체가 은밀하고 지속적이며 법의 보호를 받지 못하는 경우가 대부분이므로 피해자들의 피해에 대한 사회적인 책임이 필요하다.

참여자들을 통해 보았을 때 대부분의 피해자들은 교회로부터 도움을 받지 못하였다. 오히려 교회는 가해자와 피해자로 국한된 힘의 구

해야 하는 상황에 처하게 되는 점이 유사하다. 4. 피해의 사실이 드러났을 때 돌아오는 비난과 위험부담에 대한 두려움, 하나님 앞에서 죄악을 범했다는 죄책감, 분노, 혼란스러움을 갖게 되며 저항할 수 없었던 자신에게 비난의 화살을 돌리는 점이 유사하다. 5. 가해자가 피해자에게 비밀을 지킬 것을 요구하거나 협박하며 피해자가 수치심과 죄책감을 갖고 비밀을 유지하는 점도 유사하다. 또한 피해자는 성폭력의 상처를 드러내지 못하고 억압함으로 인해 후유증에 시달리게 된다. 6. 오래 지속되고 숨기는 경향이 있어 발각되기가 쉽지 않다는 점이 유사하다. 7. 가해자의 잘못이 밝혀진다 하더라도 피해자가 얻는 것이 없다는 점에서 유사하다. 오히려 교회에서 추방당하거나 개인적인 피해를 입게 되고, 어머니로부터 감정적 지지를 얻기보다 미움이나 보복을 당할 수 있다는 점도 유사하다. 8. 성폭력에 대해 목회자의 배우자가 묵인하거나 방치하는 점이 유사하다고 할 수 있다. 박성자, 『기독교인을 위한 성폭력 예방 지침서』(서울: 한국여신학자협의회 기독교여성상담소, 2005), 24–25를 참조하라.

조 속에서 가해자의 편에 서서 피해자와 대립하는 입장이었다.

참여자 2의 경우, 가해자인 담임 목사는 위계에 의한 간음 행위 때에도 증거를 남기지 않았고, 신앙을 고백하는 글을 미리 받아 두어 문제가 되었을 때 사랑을 고백하는 편지로 악용하여 법망을 피해 갈 계획된 의도를 가지고 있었다. 또한 가해자는 참여자 2가 돈을 빌려 준 후, 차용증을 요구했으나 하나님의 사람인 나를 믿느냐, 아니면 종이를 믿느냐고 하며 영적인 권위로 참여자 2가 감히 그러한 요구를 하지 못하도록 억압하였다. 이러한 방식으로 수차례에 걸쳐 억 단위의 돈이 지급되었으나 가해자가 피해자로부터 착취한 돈을 교회 사업에 대한 투자금, 헌금 등의 명목으로 치밀하게 문서화시킴으로써 참여자 2의 현금채권에 대한 법적 대항력을 상실시켰다.

참여자 4의 경우에는 법적인 저항의 과정에서 사회제도적으로 피해자를 위한 제도의 개선이 필요함을 호소하고 있었다.

이러한 일례를 볼 때, 사회생활에서 일반화되어야 할 차용증의 확보는 물론 모든 사건들을 기록하고 증거를 남겨 대비하도록 철저히 교육되어야 하고, 피해자들이 사회로부터 도움받을 수 있는 전문적인 기관들의 자생능력 확보와 제도적 장치의 보완이 필요함을 알 수 있다.

참여자 1, 참여자 2, 참여자 3, 참여자 4의 경우, 바람직하지 않은 공간 속에 들어가면 집단적 무의식에 빠지게 되는 유사점을 보인다. 그러한 무의식을 겪어 보지 않았을 때는 절대 그렇게 허황되고 신격화시키는 교리 속에 빠질 수 없다고 자신했지만 참여자들과의 인터뷰를 통해 대부분 그러한 접근에서 자유로울 수 없음을 알 수 있었다. 이러한 이유로 사회적 책임을 부여하여 실제적인 상황에 대한 억압의 요소를 파악하고, 가해자들의 비윤리적인 부분을 정확히 인지하여 예방과 상담을 통해 접근하는 것이 실효성이 있으리라 본다. 이러한 측면에서 교회는 잃어버린 양 한 마리를 찾아 나서는 예수그리스도의 가르침을 따라 교회 내 성폭력에 저항하는 책임이 있다고 할 것이며, 사회나 국가 또한 억압받는 사회적 약자들의 인권을 보호하고 지켜 주어야 할 책임이 있다고 할 것이다.

목회자의 성폭력에는 항상 힘의 작용이 존재하고, 특히 목회자가 신격화되어 절대적인 영적 영향력을 가지고 있을 때, 신도들의 피해가 더욱 커질 수 있다. 목회자가 하나님의 말씀을 대언하고 환상과 계시에 이르는 영적 교감에 신도들이 몰입하게 되면 목회자와 하나님을 동일시하게 되면서 피해자의 저항 행위 자체가 하나님의 권위에 도전하는 행위로 인식될 수 있기 때문이다.

피해자가 가해자를 가해자로서 인식하는 데 상당한 기간이 소요되고 그 기간 동안에는 치유와 회복이 정지된다. 그러나 성폭력 피해가 친고죄이며 형사소송의 시효가 6개월로 한정되어 있어 가해자의 죄를 밝히는 것이 거의 불가능한 것이 현실이다. 집단적 무의식에서 각성하고 교회를 나오는 기간이 짧게는 4개월에서 길게는 십여 년을 넘기고, 때로는 영원히 각성하지 못한 채 목회자의 성노리개로 살아가는 여성들에게는 혁신적인 사회의 구제 방법이 연구되어야 할 것이다. 그들 역시 인권을 가진 소중한 존재들이기에 그들을 억압하고 있는 영적 위계를 구속하고 제재하는 것이야말로 예수그리스도의 가르침이자 자유민주국가의 존재 가치에 부합하는 일이기 때문이다.

교회는 교회 나름대로 철저한 쇄신을 통해 공동체를 이루며 예수그리스도의 뜻을 세우고, 사회적 입장에서는 높은 도덕적 기준이 요구되는 성직자에게 있어서 법을 엄격하게 적용하고, 성폭력에 대한 친고죄와 시효를 폐지하는 등의 특별법 제정을 통해 기존 법률을 보완할 필요성이 있다.

목회자 성폭력은 열혈신도들에 의해 미화되고 묵인되기도 하며 때때로 피해자의 고소에 대하여 조직적인 테러가 자행되는 경우도 있고, 법률의 보호를 받는 데 있어서도 가해자가 우위를 점하고 있다. 피해자 또한 가해자에 의해 교육되고 양육된 위계에 의한 영적 주관의 깊이와 오랜 기간으로 인해 치유와 회복에 심각한 방해를 받게 된다. 목회자 성폭력은 악이 적용되는 방법에 있어서 그 크기와 숫자, 시기, 규모를 달리할 뿐 유사하게 적용된다.

참여자들의 사례에서 볼 수 있듯이 목회자는 하나님이 보낸 사람으로 자신을 사랑하라 하며, 그것이 하나님의 뜻이라는 것을 강조하고, 자신을 사랑하는 것이 하늘의 뜻이라는 것을 세뇌시킨다. 목회자라는 힘의 불균형상태에서 영적인 이적을 만들어 내고 신격화시키는 경우, 여성 신도들의 대부분이 그러한 성폭력에 노출되어 있다고 보아야 할 것이다. 특히 사회적인 약자, 여성, 청소년, 결손 가정 등의 취약성을 가지고 있는 사람일수록 목회자의 신격화를 통해 자신이 선택받았다는 선민의식을 가지기 쉽고, 그러한 심리가 신격화된 교회에 자연스럽게 심취되게 하는 이유가 된다.

선과 악 어느 편에나 힘은 존재한다. 악의 편에서는 악의 힘을 하나님으로부터 오는 선한 힘으로 변장시키고 포장시켜 다양한 영적 현상을 통해 인류의 보편적인 가치로 여겨지는 도덕성과 통념을 깨고 반인륜적 범죄행위를 정당화시킨다. 반인륜적인 범죄라 함은 어미와 딸을 함께 성폭행하고, 미성년자, 유부녀, 친자매 등 그 범위를 가리지 않고 성폭행을 일삼는 성폭행을 의미한다. 교회 내 성폭력은 이러한 반인륜적인 범죄가 될 가능성이 농후하기에 사회적인 통제 상 치가 요청되는 것이다.

참여자 1의 경우에도 자신과 올케가 함께 동일한 가해자에게 성폭행을 당했으며 참여자 2, 참여자 3, 참여자 4의 경우에도 자신과 같이 동일한 가해자에게 성폭력을 당한 수많은 피해 여성들을 언급하고 있다.

피해자의 영혼까지 파괴하는 교회 내 성폭력 특히 목회자 성폭력에 있어서 그 후유증은 친족 간의 성폭행에 대한 피해보다도 더 깊고, 대부분 정신적 공황 상태를 야기하기에 이러한 인권의 사각지대에 놓인 여성들에 대한 사회적 책임은 아무리 강조하여도 부족하지 않으리라 본다.

제2절 악과 저항

1. 악과 악에 대한 저항

1) 힘의 남용

힘의 남용으로 작용하는 악의 힘을 피해자들이 어떤 형태로 지각하는지 목록화하면 아래와 같다.

〈표 Ⅴ-6〉 힘의 남용 목록

참여자	남용의 형태
참여자 1	거짓, 위장, 직권 남용, 신격화, 성추행
참여자 2	거짓, 설교를 자기 합리화에 이용, 사기, 협박, 음해, 위장, 금품 탈취, 교회 내 자신의 위치 과시, 영적 능력 과시
참여자 3	술수, 억압, 신입생 면담
참여자 4	속임, 신격화, 거짓, 위장, 위협

참여자 1, 참여자 2, 참여자 3, 참여자 4는 거짓, 술수, 속임이나 신격화의 형태로 힘의 남용이 나타났다. 특히 목회자 성폭력에서 피해자들이 지각하는 힘의 남용이 어떤 모양과 형태로 작동하였는지 구체적으로 알 수 있게 해 준다.

2) 저항

악에 대한 저항의 모습은 비언어적, 언어적 그리고 행동으로 다양하게 나타난다. 이러한 저항의 다양함은 피해자가 할 수 있는 모든 범위에서 악에 대해 저항하고 있음을 알 수 있다.

〈표 Ⅴ-7〉 저항의 목록

참여자	저항의 항목
참여자 1	움찔, 혼돈, 머뭇거림, 교회의 비밀 말하기, 모여서 이야기, 피하기, 뭉쳐서 법적 대응, 고소
참여자 2	갈등, 숨고 피하기, 교회일 안 함, 가해자 실체 파악, 가해자 명명하기, 비밀 말하기, 달려들고 충고함, 자신의 권리 주장, 내용증명 보내기, 분노 표출, 나의 경험 이야기하기, 동질감
참여자 3	교회의 비밀 밝히기, 인터넷으로 알리기, 변호사 선임, 다른 피해자 돕기, 소송 대리
참여자 4	거짓말, 탈퇴, 피하기, 분리, 알리기, 이야기하기, 다른 피해자 돕기, 가해자의 심판 요구, 법적 대응, 피해자임을 인식, 도와 달라고 요청

참여자 1, 참여자 2, 참여자 3, 참여자 4는 자신과 같은 피해자가 더 이상 생기지 말아야 한다는 강한 의지가 저항 동기가 되었다.

목회자 성폭력에서 가해자에 대한 내적 인식의 변화는 비언어적 저항, 즉 움찔하거나 혼돈스럽거나 갈등하거나 상식적으로 생각하는 형태로 나타난다. 가해자에 대한 실체를 파악하고 가해자 규정하여 명명하기를 통해 가해자에게 자기 의사를 밝힌다거나 자신의 권리를 요구하며 분노를 표출하거나 충고를 하는 저항의 대도를 보인다.

자신이 피해자임을 인식하고 교회 내 또 다른 피해자들과 동질감을 가지고 형성된 지지그룹은 집단의 저항 형태로서 아주 강한 저항의 모습이다. 집단 저항의 모습은 동질감을 가진 피해자들의 지지그룹 그 자체가 저항의 형태이다. 참여자들의 악에 대한 저항의 형태는 공개, 버티기, 거부, 연대, 지지로 요약될 수 있다.

2. 저항의 자원과 방해

저항의 자원과 저항의 힘을 방해하는 요소를 치유의 경험과 방해, 내적 심리, 용서, 하나님 이미지를 통해 살펴보고자 한다.

1) 치유의 경험

치유의 경험은 저항의 힘이 되며 참여자가 경험한 치유의 목록은 아래와 같다.

〈표 Ⅴ-8〉 치유의 목록

참여자	치유에 도움이 된 항목
참여자 1	다른 사례들, 가해자 규정하여 명명하기, 지지자, 의식 전환, 가해자 법적 처벌, 위로, 위안
참여자 2	가해자 규정하여 명명하기, 상담, 깨달음, 의식전환, 오픈해서 이야기, 피해 사실 인정, 확신, 자신감
참여자 3	가해자 규정하여 명명하기, 자기 자신 용서하기, 자신에 대한 규정, 사건의 일반화
참여자 4	상담, 자존감 회복, 자신감, 자신에 대한 인식, 가해자 규정하여 명명하기

치유의 경험에서 '말하기'가 중요함을 알 수 있는데 이것은 중요한

저항의 형태인 말하기를 통한 '공개하기'와 연관된다. 치유의 경험에서 말하기와 저항의 공개하기는 피해자가 말을 한다는 점에서 상호 연관되어 있음을 알 수 있다. 듣는 대상이 혹 동일하거나 혹 다를 수 있지만 상담이나 수다, 어떤 방식을 통해서든 말하기의 중요성이 나타난다. 말하지 않는 자는 누구의 도움도 받을 수 없기 때문이다.

목회자 성폭력에서 피해를 입은 피해자가 목회자를 가해자로 규정하기가 쉽지 않다는 점은 목회자 성폭력의 특징이다. 그러나 피해자는 가해자 규정하여 명명함으로써 저항의 의지를 가질 수 있었으며 치유의 경험으로 이어질 수 있었다.

2) 치유의 방해

치유에 방해가 된 목록은 아래와 같다.

〈표 Ⅴ-9〉 치유에 방해가 된 목록

참여자	치유 방해 항목
참여자 1	없음
참여자 2	기름 부은 종을 건드리지 말라고 말한 목사
참여자 3	과음, 노상에서 잠자기, 생각지도 못한 행동, 자학, 그릇된 성관계, 한 번도 못 본 사람과 입을 맞추고 자학함, 택시기사에게 잠자자고 함
참여자 4	그게 거짓말인지 알게 되었어요. 그런데 거짓말인지 알았는데도 무서워

치유에 방해가 되는 항목은 사회, 종교가 참여자를 취약하게 만든 부분과 연관되어 있으며 저항의 용기를 훼손한다.

3) 내적 심리

참여자들의 내적 심리는 악에 대한 피해자의 증언이다. 내적 심리 목록은 아래와 같다.

〈표 Ⅴ-10〉 내적 심리 목록

참여자	개인 내적 심리에 대한 항목
참여자 1	배신감, 막막함, 갈등, 혼란스러움, 원자폭탄 맞은 느낌, 자책감
참여자 2	화, 부끄럽고 창피, 자책감, 의미를 잃음, 힘듦
참여자 3	상실감, 정신분열, 기분이 가라앉음, 슬픔, 사랑받는다는 느낌 없음, 서글픔, 사랑에 대한 꿈이 부서짐, 억울함, 자책감, 자기신뢰감 저하, 불안, 외로움, 아픔, 가해자 처벌에 통쾌, 스스로 위로, 다짐, 약속
참여자 4	혐오감

피해자의 내적 심리는 개인마다 다양하게 나타나지만 분노, 자책감, 무력감, 치욕감, 힘듦, 상실감 등의 공통점을 보인다. 교회 내 성폭력 특히 목회자 성폭력에서의 특징은 신뢰의 대상에 대한 배신감이며, 가해자 처벌에 대해서는 한결같이 후련함을 표시하였다.

4) 용서

어느 누구도 피해자에게 가해자를 용서하라고 말하거나 강요할 수는 없다. 굳이 용서가 필요하다면 그것은 피해자 자신을 위한 용서이지 가해자를 위한 것이 아니다. 단지 가해자가 진심으로 뉘우칠 때 용서를 생각해 볼 수 있다고 말한다. 따라서 교회 내 성폭력 특히 목회자 성폭력에서는 용서라는 말이 더욱 조심스러울 수밖에 없다.

<표 Ⅴ-11> 용서에 대한 목록

참여자	용 서
참여자 1	지금은 사건 진행 중이라 용서라는 것은 나는 결코 없다. 하지만 내가 이 사건이 종결이 돼서 잊고는 살 수 있을 거다. 하지만 용서는 차마 지금은 용서라고 말하고 싶지 않다. 결단코 용서할 마음이 없다.
참여자 2	이거는 허세다. 이 용서라는 용서가 내가 성인군자가 안 되어 봐서 모르지만 그 사람을 위해서 용서가 아니라 내 자신을 위해서 위로의 차원에서 용서지 지금 차원에서는 용서가 안 되지. 어떻게 용서를 해 주겠냐고. 사람이 할 수 있는 게 있고 할 수 없는 게 있는데 내가 체념은 할 수 있지만 용서는 안 돼요. 내가 그 일을 생각할 때마다 울컥울컥 치미는데…….
참여자 3	용서는 내 맘이 편하기 위한 용서, 참회하면 용서받을 수 있겠죠. 그런데 자기 무덤을 깊이 파는 것 보면 내가 용서한다 한들 관심 밖이에요. 원치 않는 피해자가 안 생기면 되는 거니까 그때 가서 용서를 심각하게 고민해 봐야겠어요.
참여자 4	가식적인 말 같아요. 용서라기보다는 극복하는 것 같아요. 내가 너를 용서한다 하면 더 높은 위치에 있는 것 같고, 나에게 피해를 준 거라면 내가 극복해야 하는 거 같아요.

5) 하나님 이미지

참여자가 느끼는 하나님 이미지는 대체로 긍정적인 하나님 이미지를 가지고 있음을 알 수 있다.

<표 Ⅴ-12> 하나님 이미지에 대한 목록

참여자	하나님 이미지
참여자 1	어쨌든 지금 나에게 위로가 되어 주고 힘이 들 때 기도하며 울 수 있는 대상이 되고 그러니까 어제처럼 법정 나갈 때 힘 달라고 지혜 달라고 찾게 되는 그런 존재인 거 같아요.
참여자 2	나는 하나님을 생각할 때 한 번도 무서운 얼굴을 생각 안 해 봤어요. 따뜻한 내 편. 내가 기도하면 한 번도 외면하지 않는 하나님. 항상 나를 지켜보고 바라보는 하나님.
참여자 3	무한한 사랑, 용납, 기다림, 용서
참여자 4	전지전능, (손으로 입을 가리고 웃으며) 이건 형식상 이야기한 것이고요. (한참 고민하다 신중하게) 인내하시는 분, 그때그때 성질 부려서 냄비처럼 심판하시는 분이 아니고 아무렇지 않게 인내하는 것이 아니라 괴롭지만 인내하시는 신이신 것 같아요.

3. 동일한 형태로 작용하는 악의 유사성

한 피해자의 이야기가 그녀와 다른 교회에 있었던 사람들에 의해서도 똑같이 반복될 때, 그녀들의 개인적인 증언의 유효성을 받아들이게 된다. 피해자들의 증언을 통한 악의 형태는 일정한 패턴을 가지고 작용하며 침묵의 공모자를 통해 확장해 나가는 모습이 뚜렷하게 나타났다.

성폭력 피해자가 가해자를 돕는 침묵의 공모자로 변하는 과정에는 어떤 교회를 막론하고 동일한 형태로 작용하는 악의 유사성이 있다. 이것이 실존하는 악의 힘이다. A는 피해자, B는 가해자라는 가상인물을 통해 피해자가 어떤 과정을 거쳐 침묵의 공모자가 되는지 알아보고자 한다.

1) 분위기 형성, 세뇌 교육, 특별 관리

B는 교회 지도자들은 물론 신도들에게까지 영향력이 대단한 사람이다. 이러한 분위기 속에서 신입생 A는 특별 관리를 받으며 B가 하나님의 사람이라는 세뇌 교육을 통해 B를 신뢰하게 되고 점점 인정하게 되면서 힘의 불균형 상태 속에 처하게 된다.

2) 성폭력, A에 대한 특별대우

B는 절대적인 신뢰가 형성되어 있는 상태에서 종교적 의식인 것처럼 속여 A를 성폭행한다. A가 경험하는 수치감이나 윤리적인 불안감은 성경을 통한 왜곡된 교육과 조직화된 악의 시스템으로 정당화된다. 성폭력은 미화되고 B는 A가 하나님의 은혜를 받은 것처럼 교회에서 특별하게 대우해 준다. 여기서 A는 B의 행위가 성폭력임을 인지하

고 타인에게 자신의 피해 사실을 알려 도움을 청하거나, B의 행위를 하나님의 은혜로 받아들임으로써 맹신도로 전락해 가는 갈림길에 서게 된다.

3) 정서적인 남용

A가 B의 행위를 하나님의 은혜로 받아들임으로써 B의 행위는 은폐되고, B는 하나님의 이름으로 A의 인생을 갈취하고 A를 자신의 성노리개로 이용한다. 이것이 폴링이 말하는 정서적인 남용이다.

4) 악의 공모자로 활동

B는 A가 연단이나 훈련을 받아야 하는 것처럼 기망하여 A를 멀리하고 A는 B에게 신입생을 데려가야 한다는 무언의 압박감을 가진다. A는 자신도 인식하지 못하는 상태에서 다른 여성 신도들을 회유하는 단계에 이르게 되고 B에게 성상납을 하는 악의 망 속에 거하게 된다. 이 단계를 거치면 교회의 지도자로서 반인륜적인 일을 행하면서도 이를 깨닫지 못하고 오히려 하나님의 일을 하고 있다는 자부심을 가지게 된다. B의 성폭력은 A와 같은 피해자 집단에 의해 일반신도들에게 조직적으로 은폐되고 교회는 A와 같은 집단과 일반신도라는 이중적인 구조를 가지게 된다.

교회 조직에 악의 망 속에 거하는 성폭력 피해자들과 교회의 지도자들은 폴링이 말하는 '침묵의 공모'가 특징으로 나타난다. 악은 항상 직접적으로 책임이 없는 많은 사람들의 침묵의 공모를 요구하며 조직화되고 집단화된다. 그러므로 필자는 반인륜적이고 반예수적인 행위에 참여한 '침묵의 공모자'를 '악의 공모자'로 명명하고자 한다.

제6장 논의

제1절 사회 · 심리적 논의

1. 성폭력 구조에 대한 논의

본서(本書)에서 수용되어 활용된 폴링의 힘과 힘의 남용이라는 '성권력이론'의 가치를 다섯 가지로 약술하면 아래와 같다.

첫째, 성폭력을 힘과 힘의 남용으로 설명함으로써 개인을 둘러싼 사회·종교에 대한 힘의 작용을 통해 성폭력 발생 원인을 구체적으로 밝혀 주고 있다.

둘째, 힘의 작용을 세분화하여 살펴보면 가해자의 힘의 남용과 피해자의 취약성이 구체화되어 나타난다. 성폭력 피해자들이 호소하는 취약성은 제도의 관계망 속에서 일어나는 사회악을 진단하고 사회적인 기관이나 제도의 조정이 필요하다는 인식에 이르게 한다. 교회 제도에서도 성폭력 피해자를 취약하게 만드는 부분이 있음을 주시할 필요가 있다.

셋째, 성폭력에 대해 신학이나 종교적인 부분의 연구가 심도 있게 이루어지지 않은 현시점에서 '성 권력이론'은 종교 연구에까지 시야를 확대시켰다.

넷째, 성폭력 구조를 통해 '자기 인식'이 가능하다. 구조 속에 자신을 대비시켜 힘의 작용을 파악해 보면, 상대적으로 자신이 힘에 대해 강자인지 약자인지를 알 수 있다. 이러한 인식은 성폭력 피해자뿐 아니라 가해자에게도 합리적인 시각을 제공하여 성폭력을 예방하는 효과를 나타낼 수 있다. 현재 행해지는 성교육 제도는 성폭력 구조에 대해 접근하는 교육이 전무한 실정이다. '성 권력이론'을 성교육에 활용한다면 성폭력 발생 시 응급처치나 피임법 등에 그치지 않고 성폭력 구조를 파악하고 다양한 입장에서 성폭력을 이해하게 됨으로써 자기 인식을 가능하게 하여 성폭력 예방과 차단에 상당히 효율적이라 생각된다.

다섯째, 성 권력의 구조에서 취약성이 힘을 남용하는 자원으로 사용되었음을 확인시켜 주는 훌륭한 관점을 제공하였다. 개인, 사회 그리고 종교적인 힘의 작용에서 나타난 피해자의 취약성은 성폭력 사건과 사건의 전후에 힘 남용의 자원으로 사용되어 피해자들에게 억압의 요소로 작용하였다.

필자는 힘과 힘의 불균형에서 비롯되는 성폭력의 구조에서 힘의 남용에 저항하는 피해자의 입장을 지지하고 가해자를 악으로 규정하였다. 가해자가 또 다른 피해자이며 힘 남용의 산물이라는 폴링의 견해에는 동의하지만 가해자를 악으로 규정하지 않은 불명확한 입장에 대해서는 비판하지 않을 수 없다. 폴링은 카렌의 사례[144]에서 가해자

---

144) James N. Poling, *The Abuse of Power: A Theological Problem*, 35.

에 대한 구체적인 언급이 없고, 샘[145]이나 다른 가해자에 대해서도
애매한 입장을 취하고 있는 한계를 보여 주고 있다.

2. 저항에 대한 논의

1) 신화 파괴

치유를 방해하는 항목과 사회·종교가 피해자를 취약하게 만든 취
약성은 저항을 훼손하는 부분이다. 이것은 사회 이데올로기나 통념,
종교의 신격화에서 공통적으로 나타나는 비가시적인 신화이므로 반
드시 이에 대한 신화 파괴가 필요하다.

성폭력에 대한 신화[146]는 성폭력에 대한 그릇된 인식에서 시작된
다. 성폭력에 대한 잘못된 통념과 가부장적 사회 이데올로기와 같은
사회적 신화는 성폭력 피해자를 보호받지 못하게 만들었다. 그러므로
사회의 가부장적 이데올로기나 잘못된 성 담론의 신화는 파괴되어야
한다. 특히 종교는 영적인 부분까지 다루는 고차원적인 단계로서 교
회는 목회자에 대한 신화 파괴에 대해 고민할 필요가 있다.

목회자 성폭력에서 나타나는 집단 무의식, 신격화, 이성마비 등과
같은 이상 현상은 인지적 부조화 이론(Theory of Cognitive Dissonance)[147]

---

145) Ibid., 54.

146) 성폭력이 아는 사람에 의해 발생하는데도 불구하고 성폭력은 낯선 사람에 의해 발생한다는 신화, 성폭력
은 나이에 상관없이 발생하지만 성폭력은 젊은 여자에게만 발생한다는 신화, 그리고 여자들의 야한 옷차
림이 강간을 유발한다는 신화, 성폭력은 억제할 수 없는 남성의 성충동으로 일어나거나 여성들은 강간당
하기를 바란다는 신화, 끝까지 저항하면 강간은 불가능하다는 신화, 강간범은 정신이상자라는 신화.

147) 페스팅거(Leon Festinger)의 이론으로서 현상의 실체에 대한 지각, 판단, 사고 등의 지식이 결합되어 형
성된 하나의 인지가 다른 인지들과 논리적으로 불일치하여 발생한 부조화 관계를 말한다. 부조화는 심
리적으로 매우 불유쾌한 긴장을 발생하고 부조화를 감소하기 위해 지각의 한쪽을 수정하고자 한다. 그
러나 이러한 행동에 있어 자신의 믿음에 맞추어 행동을 바꾸기보다 행동에 따라 믿음을 조정하는 동인
을 형성힌다. 페스팅기는 인간은 이성적인 존재가 아니라 합리화하는 존재라고 하였다.

으로 설명될 수 있다. 인지부조화 발생의 충족성은 '신화'가 제공한다.

목회자에 대한 존경심과 사랑하는 마음이 일정한 상식의 선을 넘었을 때를 신격화되었다고 말할 수 있다. 목회자가 신격화되면 신도들은 그가 하는 일을 하나님이 하는 일로 오해하여 영적인 혼란을 초래한다. 이러한 신격화는 힘의 남용을 통해서 피해자를 생산하고, 피해자는 신격화의 신화 속에서 이성이 마비되어 자신이 피해자인지조차 분간할 수 없게 된다. 신격화의 신화 파괴가 빠르면 빠를수록 피해자는 저항의 시점을 앞당길 수 있고 자신의 피해 사실에 대한 공황 상태의 기간을 줄일 수 있다. 따라서 목회자나 평신도 모두 하나님 앞에 한 인간으로 존재한다는 의식화 교육을 통해 신격화된 신화를 파괴하고 건강한 신화를 창출하도록 하여야 한다.

2) 악에 대한 비폭력적 저항

성에 대한 일방적 힘의 남용은 폭력적 행위로서 사회적 범죄이며 악이다. 이러한 폭력에 대하여 참여자들은 한결같이 비폭력적으로 저항하였다.

비폭력 저항은 평화적인 수단으로 악에 대해 저항하는 것이지만 단순히 인내하고 참고 견디는 것이라기보다는 치열한 결의라고 할 수 있다.[148] 참여자들이 보여 준 저항의 형태는 다양하지만 필자는 크게 6가지로 저항의 형태를 분류하였다.

첫 번째, 교회의 비밀로 존재하는 성폭력을 폭로하고, 도움을 청하며 고소하는 '공개'의 형태이다. 두 번째, 피해자가 가해자의 처벌을

---

148) Walter Wink, 김준우 역, 『예수와 비폭력 저항』(서울: 한국기독교연구소, 2003), 21.

원하며 가해자와의 합의를 종용하는 주변인들에게 회유당하지 않기 위해 '버티기'로 저항하는 형태이다. 세 번째, 성폭력을 인지한 피해자가 교회 일에 참여하지 않는다거나 소속된 교회를 탈퇴하는 등 가해자에 대해 '거부'의 형태를 보이는 것이다. 네 번째, 피해 경험의 정당성을 수용하고 사회적 정당성을 긍정하는 경험으로 다른 피해자나 사회 기관과 '연대'하여 승화를 체험하는 형태이다. 다섯 번째, 다른 피해자를 돕는 '지지'의 형태이다.

피해자는 이러한 저항의 다섯 가지 형태를 통해 '자기보호'가 가능해진다. 자기보호는 피해자를 무력감에 빠지지 않도록 하여 건강한 자기의 내적 구조를 가지도록 함으로써 건강한 자기를 찾을 수 있도록 도와준다.

집단 수용소에서 살아남은 사람들은 복종이 죽음을 뜻한다는 것을 점차 깨닫게 되었으며 살아남는 유일한 방법은 저항하는 길[149]이라고 증언한다. 저항은 생존을 가능하게 하며 저항의 형태는 자기보호의 기능을 한다.

여성들의 비폭력적 저항은 성폭력을 효과적으로 방해하고 가해자를 불안하게 만든다. 이러한 비폭력적 저항은 그 자체가 목적이 아니라 피해자의 저항 방식이며 최종적으로 그 자신을 보수하고 보호하고 치유시키며 생명에 이르게 한다.

3) 저항의 영웅 재발견

저항의 영웅들은 저항에 대한 이해와 해석을 통해 재발견되고, 성

---

149) Terrence Des Pres, 치미례 역, 『생존자』(서울: 도서출판 인간, 1981), 111.

폭력 피해자들의 역할 모델이 된다.

성폭력 피해자들을 위한 모임은 모여 있다는 것 자체가 저항의 형태이며, 성폭력 피해자에게 심적인 위로와 더불어 치유의 길을 열어 준다. 그리고 자신도 역할 모델이 될 수 있다는 자신감을 고양시키고 저항의 영웅 반열에 서고자 하는 동기의 촉진제가 된다. 이야기를 하는 것, 즉 '말하기(speak out)' 자체가 비폭력적인 저항이자 치유의 경험이다. 자신의 고통을 스스로 말하지 않고서는 그 어느 누구의 도움도 받을 수 없다. 자신의 고통을 모임을 통해 함께 나누고 이야기하는 것, 그리고 그러한 모임의 장에 속해 있는 것만으로도 치유가 가능하다.

참여자 2는 자신과 같은 피해를 입은 사람들의 글을 읽었을 때 그 속에서 힘과 위로를 느끼고 자신감을 가지고 저항할 수 있었다고 고백했다. 저항의 영웅들 이야기가 글로, 말로 들려질 때 많은 피해자들은 저항의 힘을 얻게 된다.

한국 사회는 여성의 피해와 고통의 심각성을 인정하거나 공감하지는 않으면서 여성을 피해자화하는 것에 익숙하므로 피해 여성이 성폭력 경험을 말하는 경우 자신을 피해자화(victimize)하는 시선을 견뎌야 한다.150) 그러므로 이러한 말하기를 시도할 때는 성폭력 피해자들이 안전하다고 느끼는 장소나 모임에서 가능하다. 피해자의 말하기는 기억의 고통을 동반하지만 치유의 과정인 모호한 자기와의 직면을 통해 건강한 내적 자기 형성에 도움을 준다.

---

150) 정희진, 7.

제2절 신학적 논의

1. 저항의 종교적 자원에 대한 논의

성폭력 피해자들은 저항을 통해 결국 치유를 받게 된다. 성폭력 피해자가 저항하기 위해서는 저항의 힘이 필요하며 종교적 자원은 그 힘의 근원이 된다. 하나님 이미지와 피해자를 위한 공동체는 치유의 종교적 자원이며 저항의 힘이 되므로 저항의 종교적 자원으로 논의하고자 한다.

1) 하나님 이미지

저항의 종교적 자원에서 제외될 수 없는 분이 하나님이다. 성경에 계시된 하나님의 본질에 대해 살펴보면 하나님은 창조하신 분으로서 인격적인 분이시다. 사랑의 하나님은 인간을 먼저 사랑하시는 하나님이시고, 용서의 하나님은 인간이 모순 속에 있음에도 불구하고 자신이 수용되었으며 받아들여지고 있다는 의미의 용납하시는 하나님이시다.[151]

하나님이 존재하심에 대한 인식은 신학적이고 이성적인 사고를 통해서, 그리고 하나님에 대한 정서적 혹은 마음속에 느끼는 개념을 통해서이다. 개인이 하나님에 대한 어떤 이미지를 가지고 있느냐 하는 것은 개인의 모든 삶의 영역에 영향을 미친다.[152] 하나님 이미지는 일단 만들어지면 평생에 걸쳐 중간 대상으로 남게 된다. 개인이 그것

---

151) 오우성, 박민수, 『상담으로 풀어본 신학』(대구: 계명대학교 출판부, 2005), 99 - 111.

152) Ibid., 97.

을 파괴해서 사라지게 할 수 없고 단지 억압히기나 변형할 수 있을 뿐이다. 중간 대상으로서의 하나님 이미지는 한 번 개인의 심리적 영역에 형성되면 고정되어 있는 것이 아니라 지속적으로 변화할 능력을 갖게 된다.[153]

하나님에 대한 부정적인 이미지를 가지고 있는 피해자들에 대해 신학적으로 하나님 이미지 개정에 접근하고 있는 폴링과 심리학적 접근으로 하나님 이미지를 해석하고 있는 리주토(Ana-Maria Rizzuto)의 주장은 근본적으로 유사하다. 신학적 이해에서는 과정신학적으로 하나님이 선악을 같이 가지고 있는 모호한 하나님이라고 주장하고 있는 폴링이 유효하지만 내담자 분석에 있어서는 심리학적으로 접근한 리주토가 효율적이라고 판단된다.

리주토는 부모표상과 신 형상에 대한 관계에서 부모 형상과 신 형상이 비슷한 특성을 갖는 연속적 방식, 서로 반대되는 모순적 방식 그리고 비슷한 성격과 반대되는 요소를 동시에 포함하는 조합적 방식을 제시한다.[154] 이러한 조합적 방식은 폴링의 과정신학의 관계론적 하나님과 상응한다. 리주토는 경험에 기인한 신 형상으로부터 얻는 위안이 유치한 것이 아니라 인간창조성의 근원이 될 수 있다고 주장함으로써 신 형상의 기능을 매우 긍정적으로 인정하고 있다.[155] 이러한 점은 폴링의 과정신학적 관계적 자기의 창조성, 민감성과 연관된다. 따라서 하나님 이미지에 나타난 긍정적·부정적 요소를 모두 수용하는 것은 새로운 관계 형성을 통해 피해자를 위한 치료의 촉매

---

153) 반신환, "신형상에 대한 Rizzuto의 대상관계론적 이해와 그 비판", 『종교연구』 13(1997): 218.

154) 반신환, 221.

155) Ibid., 220-224.

제가 될 수 있기에 지극히 합리적인 방법이라 할 수 있다.

하나님 이미지는 피해자의 느낌을 표현한 것으로 하나님과의 관계에 있어 상당히 중요하다. 그러나 여기서 하나님에 대한 이미지가 피해자들이 가지고 있는 하나님에 대한 개념을 말하는 것이 아니라는 점에 주목할 필요가 있다. 느낌을 말하는 것이기 때문에 피해자들이 하나님 이미지를 말할 때의 비언어적인 모습도 상당히 중요하다.

필자가 관찰한 피해자들의 비언어적인 모습을 살펴보면 피해자들은 하나님의 이미지에 대해 이야기하면서 마치 그 자리에 하나님이 있는 듯 갑자기 자세를 바꾸어 앉거나 웃음을 머금고 미소를 짓기도 하고, 기도하는 것처럼 손을 모으고 때론 목소리가 높아지거나 부드러워지는 등 비언어적으로 하나님에 대한 긍정적인 이미지를 표현하고 있었다.

참여자 3의 경우 단어를 한마디씩 툭툭 던지며 고개를 숙이고 테이블만 쳐다보는 언어와 비언어적 표현의 이중성을 보여 주었다. 이처럼 모호한 이중적 메시지는 긍정적인 하나님 이미지는 물론 비언어적으로 나타난 부정적인 하나님 이미지 형상도 그녀의 삶에 도움을 줄 수 있음을 시사한다. 하나님에 대한 긍정적인 이미지가 하나님과의 관계가 좋은 것으로 해석되어야 하고, 부정적인 이미지는 하나님과의 관계 또한 부정적으로 해석되어야 하는 것이 아니라 궁극적으로 피해자들의 삶에 희망을 줄 수 있는 하나님의 이미지가 필요하기 때문에 하나님에 대해 부정적 이미지를 가지는 것도 필요한 경우가 있다. 이러한 부정적인 하나님 이미지 형상은 피해자가 정서적인 느낌의 하나님뿐만 아니라 총체적으로 존재하는 하나님에 대한 인식을 가지고 있기 때문에 하나님과의 관계에 대한 모든 부분까지 부정

저으로 확대 해석할 필요가 없다는 의미이다.

개인의 심리적 안정에 공헌하는 하나님 이미지를 피해자들에게 적용시켜 보면 외로움과 격리감을 느끼며 자아를 조용히 쳐다보는 '잠재적 동반자'(참여자 3), 부모를 대신하는 '잠재적 부모', 자기에 대한 '무언의 목격자'(참여자 4), 자기 기도에 응답해 주는 좋은 '강한 동반자'(참여자 1, 참여자 2)의 모습이 나타난다.[156]

참여자들은 과정신학의 특징인 유기체적인 이점을 많이 가지고 있었다. 교회 내 성폭력의 경우 정신적 공황 상태의 길고 짧음은 가해자에 대한 명확한 규정에서 나오는데 유기적인 사고를 가진 참여자들은 새로운 하나님 이미지를 생성하는 데 필요한 전이의 기간을 단축시키는 장점을 가지고 있었다.

2) 피해자를 위한 공동체

폴링이 말하는 사랑의 공동체는 가해자와 피해자, 또 다른 제3자가 하나의 공동체를 형성하는 것으로서 성폭력 현황에 비추어 본 한국사회의 현실로는 지나치게 이상적이다.

아직도 성폭력 피해자들은 마치 아무 일도 없었던 것처럼 지내기를 원하며, 망각 속에 자신을 버려두고 교회를 떠나거나 스스로를 무가치하게 여기며 자기를 파괴해 가고 있다. 파편화된 자기의 모습이 현실 속에 그대로 나타남으로 인해 대인 관계의 어려움을 호소하고 있다. 따라서 이러한 성폭력 피해자를 위한 공동체와 심리적 영역을 간과하지 않는 교회공동체 형성이 반드시 필요하다.

---

156) Ana-Maria Rizzuto, *The Birth of the Living God: A Psychoanalytic Study*(Chicago: University of Chicago Press, 1979), 199.

심리적 영역을 간과한 교회는 점차 인간관계가 피상적이 되고 경직되어 갈 위험이 있다. 심리학과의 대화를 거부하는 성서학자들에 반해서 복음주의 교회는 오히려 그 반대의 현상이 나타난다.[157] 복음주의 교회[158]의 주장은 성폭력에 대해 구체적인 방향을 제시하므로 현실적인 대안이 될 수 있다.

연구에 끝까지 참여하지 못하게 된 한 피해자는 기독교인으로서 직장 내에서 성폭력을 경험한 경우였다. 그녀는 교회 내 성폭력이 아님에도 불구하고 성폭력 사건 이후 다니던 교회를 떠났다. 아무에게도 말하지 못하는 망각의 시간 동안 자신을 버려두고 자신을 무가치하게 여기면서 교회나 하나님에 대해서 원망하는 마음이 들었고, 직장 내에 생겨난 그녀에 대한 소문은 자살의 충동을 일으키까지 하였다. 그녀는 직장에서 하루 종일 대화 없이 지내면서 예전의 활달함을 잃었고, 밤마다 술을 마시지 않으면 잠을 잘 수 없을 정도로 우울증에 시달리면서 인간관계가 단절되기 시작했다. 그녀는 목사님의 설교를 들으면서 자신을 더럽다고 느꼈으며, 교회는 거룩하고 자신은 무가치하다고 스스로 해석한 이후로 지금까지 교회를 떠나 있다고 고백하였다. 그녀가 목사님의 설교를 스스로 잘못 해석한 것이라 생

---

157) 오우성, 『성서와 심리학의 대화』(서울: 대한기독교서회, 2007), 63.

158) Christiane E. Gudorf, "The worst sexual sin: Sexual violence and the Church", Christian Century January 6(1993): 20–21. 복음주의 교회는 첫째, 성폭력을 인식하거나 정죄하는 것에 대해 실패하는 성서, 교부, 신학과 모든 교회의 가르침에 대해 기꺼이 비평하고 성폭력을 승인하는 모든 자료에 대해 의도적으로 부정한다. 둘째, 성직자나 평신도 모두 위기 중재 및 성폭력 피해자들과의 오랜 회복 작업에 대해 훈련이 필요함을 주장한다. 셋째, 지배와 복종이라는 용어로 남성과 여성을 정의했던 전통을 포기하고 있다. 이러한 전통적인 성 역할의 포기는 안수받은 사역자와 평신도 사역자에 대한 교회의 기대뿐 아니라 일반적인 교회 리더십에 관한 회중들의 이해에 대한 재고를 요구할 것이다. 넷째, 세상을 복음화하는 교회 선교의 일부로서, 성폭력 피해자들에 대한 적절한 인식과 지지의 방법을 교인들에게 가르치는 데 주력한다. 다섯째, 사회의 성폭력 주제에 수반된 인종주의를 폭로하고 제거할 책임을 가진다. 여섯째, 예수 그리스도의 수난, 십자가와 부활을 해석하는 데 있어 더 비판적이다. 성폭력 피해자들은 기독교인들로부터 그들의 고통을 통해 그리스도의 고난에 참여하며, 하나님의 호의를 얻는다는 소리를 자주 듣는다. 그러니 하나님은 여성과 아이들은 물론 어느 누구도 피해자가 되도록 창조하지 않았다.

각되지만 그때 당시의 느낌은 잊을 수 없다고 하였다. 그녀는 지금 진급시험을 준비하며 자신을 바쁘게 만들고 있지만 자신의 설 자리를 몰라 방황하고 있다. 그녀는 상담을 통한 대화는 가능하지만 소문으로 인한 후유증으로 자신이 경험한 일이 기록으로 남는 것에 대한 두려움과 지금 자신이 하나님과 멀리 떨어져 있어 신학적인 글에 자신의 자료가 너무 죄스럽게 느껴진다고 호소하여 참여자로 남지 못하게 되었다. 이러한 피해자들을 위한 공동체 형성을 위해 복음주의 교회는 좋은 모델이 될 수 있다. 복음주의 교회는 피해자를 위한 동질적인 공동체 형성에 관여하여 성폭력 피해자와 저항의 영웅들을 거시적인 관점에서 도울 수 있기 때문이다.

2. 기독교 상담에 대한 논의

1) 기독교 상담의 현황

기독교 상담은 상담의 다양한 방법론과 신학적 배경에 따라 구분할 수 있다.

상담의 방법론에 따라 5개 학파로 나누어 설명하면 첫째, 보이슨(Anton T. Boisen)을 중심으로 한 임상목회교육파(Clinical Pastoral Education: CPE), 둘째, 힐트너(Hiltner)를 중심으로 한 목회신학파(Pastoral theology), 셋째, 아담스(J. Adams)를 중심으로 한 성경상담학파(Biblical Counseling), 넷째, 콜린스(G. Collins) 중심의 기독교 상담학파(Christian Counseling), 마지막으로 클리인벨(H. Clinebell) 중심의 목회심리학파(Pastoral Psychotherapy)이다.[159]

임상목회(CPE)는 목회적 돌봄(Pastoral Care)을 강조하며, 성경 상담은 교회 안에서의 상담 활동에 국한하고 일반상담학이나 행동과학을 무시하는 경향이 있다. 목회심리학파는 일반상담심리학 이론에 개방적이며 목회상담(Pastoral Counseling)을 공식 명칭으로 사용하며, 기독교 상담의 콜린스는 일반상담심리학을 과감하게 기독교화시키려고 노력하여 신학교에 영향을 주었다.[160] 기독교 상담은 신학과 일반상담심리학과의 대립과 화합 그리고 일반상담심리학을 배척하거나 신학과 일반상담심리학의 제휴와 종합을 추구하면서 복잡한 관계 속에 발전해 왔다.

신학적 배경과 시대에 의해 기독교 상담은 1960년대에는 진보주의적인 신학적 입장을 가진 클라인벨(Howard Clinebell)의 성장상담모델, 1970년대와 1980년대에는 보수주의적인 신학적 입장을 가진 아담스(J. E. Adams)의 권면적 상담모델, 1980년 중반에는 중도주의적인 신학적 입장을 가진 크랩(L. J. Crabb)의 성경적 상담모델, 2000년대에는 성경의 해석학적인 원리를 상담에 적용한 이야기치료 등으로 분류될 수 있다.[161]

기독교 상담에 대한 정체성은 아직도 여전히 수많은 의견들을 가지고 있으며 보수적일수록 상담이라기보다는 회복, 설교, 가르침으로 가는 경향을 보이고 있다. 기독교 상담을 단순히 설교의 연장이라고 생각하여, 개인에게 하나님의 말씀을 선포하고 무조건적으로 강요하거나 일반상담심리 치료의 방법론을 아무런 비판 없이 기독교 상담에 적용하는 것은 기독교 상담의 본질을 잃어버릴 위험성이 있다.[162]

---

159) 김형태, "21세기 한국사회와 기독교 상담의 과제", 『한국기독교 상담·심리치료학회』 창간호(2000): 26-27.

160) Ibid.

161) 오우성, 박민수, 58.

기독교 상담은 단순히 인간 내면에 대한 심리학직 이론을 탐독하고 이해하는 것이 아니라 신앙적인 관점에서 개인을 둘러싸고 있는 사회적 환경을 분석하고 동시에 기독교 신앙 안에서 살아가야 할 길에 대한 안내와 방향을 제시하여야 하기 때문이다.[163]

이러한 현황을 통하여 필자는 기독교 상담이 일반상담심리학적 이론을 비평적으로 수용할 수 있어야 하고 신앙과 밀접한 관계를 가지고 인간 삶의 변화를 지향하여야 하며 다양한 방면에 전문적으로 기능할 수 있어야 한다고 본다.

2) 성폭력 상담에 필요한 기독교 상담 원리

여성 성폭력 피해자의 치유와 회복을 돕고자 하는 목회자를 포함한 기독교인들에게 성폭력 상담을 위한 기독교 상담 원리를 크게 다섯 가지로 정리하여 제시하고자 한다.

첫째, 무엇보다 '피해자의 안전'이 최우선되어야 한다. 피해자가 안전한 장소에서 신변의 안전을 보장받으면서 안전하다고 느끼는 사람에게 이야기할 수 있도록 해야 한다. 피해자가 상담자에게 불안을 느끼는 경우 효과적인 상담이 어려워지므로 상담자는 피해자가 가해자로부터 분리된 육체적인 안전은 물론이고 정서적인 안전까지 신뢰할 수 있도록 상담에 임해야 한다. '안전'이 누군가에게는 '목숨'보다 소중할 때가 있기 때문이다.

둘째, '가해자 규정하여 명명하기'이다. 이 원리는 피해자에게 지지와 위로를 줄 수 있기 때문에 매우 중요한 요소이다. 실제 피해자들

---

162) 이기춘, 『들음의 신학』(서울: 도서출판 감신, 2002), 47.
163) 임경수, 『인간발달이해와 기독교 상담』(서울: 학지사, 2004), 243.

을 만나 가해자에 대해 그건 악이다, 목사도 아니라고 말해 줄 때 피해자는 마음의 시원함을 느꼈다고 고백했다.

피해자와 가해자가 아는 사이였을 경우 가해자 명명하기는 꼭 필요하다. 피해자는 언젠가 가해자를 만나서 하고 싶은 말을 하고야 말 것이라는 마음속의 답답함을 가지고 있다. 이러한 마음 또한 가해자 명명하기를 통해 속이 후련해짐을 느낄 수 있다. 또한 가해자 규정하여 명명하기는 피해자를 성폭력 사건 발생 전의 관계망에서 벗어나게 도와준다. 예를 들어 학교에서 담임선생님으로부터 지속적인 성폭력의 피해를 입은 학생이 상담 중 가해자에 대해 계속해서 '선생님'이라는 말을 사용하거나 목회자에게 성폭력을 당한 피해자가 상담 중 '목사님'이라고 말하며 과거의 관계망에서 벗어나지 못하고 있는 경우 '가해자 명명하기'는 아주 유용한 치유 방법이다. 피해자가 자신의 머릿속에 가해자를 어떻게 규정하고 있으며 무엇이라고 부르는지에 따라 자신의 자리를 찾아갈 수 있기 때문이다.

셋째, 기독교 상담자는 성폭력 사건이 성희롱이든 강간이든 '피해자가 느끼는 피해의 깊이에 주목'하여야 한다. 성폭력의 피해는 '피해를 느끼는 만큼의 피해'이고 상당히 주관적이고 치유의 시간 또한 각자 다르기 때문에 기독교 상담자는 '판단중지'를 하고 피해자의 말을 들을 수 있어야 한다. 예를 들면 기독교 상담자의 주관 속에 강간은 상처가 깊을 것이고 성희롱은 강간보다 깊지는 않을 거라는 사고가 있다면 반드시 '판단중지'를 해야 한다. 특히 남자 기독교 상담자일 경우 개인적인 선입견으로 인해 피해자에게 또 다른 상처, 즉 이차적인 피해를 주지 않도록 주의를 기울여야 한다.

넷째, '피해자들을 위한 장(場)을 마련'해 주는 것이 필요하다. 이러한 장은 가해자에 대한 저항의 한 형태일 수 있으나 자신과 비슷한 경험을 가진 피해자들과의 모임은 동질감을 형성해 주고 만남 그 자체가 서로에게 지지와 위로가 되기 때문이다. 이러한 모임의 장에서 피해자들은 정서적 안정감을 가지게 될 뿐 아니라 자신감을 얻게 되고 경험을 나누면서 고통도 함께 나누게 된다. 기독교 상담자가 이러한 장을 마련해 주는 것은 피해자들에게는 참으로 의미 있는 일이며 상담자 또한 상담을 통해 접할 수 없었던 피해자에 대한 새로운 부분에 대해 함께 이해할 수 있는 시간이 된다. 이러한 장은 상담자와 피해자가 동등한 위치에서 함께 공유하는 장이 되어야 할 것이다.

끝으로 피해자뿐 아니라 '피해자 가족에 대한 적절한 상담'이 필요하다. 참여자 1, 참여자 2, 참여자 3의 남편들과 참여자 1의 남동생, 즉 올케의 남편은 피해자의 남편으로서 피해자인 당사자보다 더 많은 정신적 외상을 가지고 있을 가능성이 있다. 참여자 4의 남자친구 또한 피해의 연장선에서 고통을 받았다고 할 수 있다. 이들의 고통이 적절하게 치유되지 않을 경우 참여자 3의 이혼처럼 가정 해체에 이르는 이차적인 피해를 가져올 수 있기 때문에 상담자의 적극적인 개입이 필요하다.

기독교 상담자는 이러한 가족들이 변화할 수 있도록 변화와 양심의 울림을 줄 수 있어야 하며 상담의 영역을 넓혀 관계의 망에 존재하는 가족에 대한 돌봄까지 접근해 나가야 할 것이다.

3) 피해자를 위한 기독교 상담자의 자세

기독교 상담은 성폭력에 대한 전문적인 상담자를 필요로 하며 피해자를 위한 기독교 상담에서 기독교 상담자의 자세는 매우 중요하다. 왜냐하면 성폭력 상담에서 피해자의 입장을 이해하지 못하는 경우, 상담을 통해 피해자의 심리, 정서, 자아 등이 손상되어 이차적인 피해가 발생될 수 있기 때문이다.

피해자를 돕기 위한 기독교 상담자의 자세는 크게 네 가지로 나누어 설명할 수 있다. 첫째, '피해자 입장에서 성폭력 정의하기'이다. 성폭력은 힘의 불균형 상태에서 행해지는 일방적인 힘의 남용이므로 피해자의 입장에서 정의되어야 한다. 상대적으로 피해자는 가해자에 비해 힘의 약자이므로 기독교 상담자는 약자의 입장에 선 예수의 정신으로 약자의 소리에 귀 기울여야 하며 피해자를 돕는 사람, 즉 조력자로서의 자세를 가지고 있어야 한다. 둘째, '저항의 종교적 자원을 발굴하여 상담에 활용하기'이다. 저항의 종교적 자원을 발굴하고 악의 힘을 피해자들이 어떻게 지각하는지 파악하여 기독교 상담에 활용할 수 있어야 한다. 교회 내 성폭력은 피해가 크고 후유증도 크지만 무교에 비해 저항의 종교적 자원이 크기 때문에 이러한 종교적 자원을 찾아서 상담에 사용하는 것 또한 기독교 상담자의 기술이다. 저항의 종교적 자원은 치유와 연결되어 있으며 저항의 힘과 용기를 제공할 수 있다. 셋째, '피해자의 취약성을 파악'할 수 있어야 한다. 피해자들의 취약성은 치유를 방해하고 저항의 용기를 훼손하므로 상담을 통해 취약성의 요소들을 명확히 규명하는 것이 필요하다. 넷째, 성폭력 상담에 필요한 '기독교 상담 원리 숙지하기'이다. 상담을 함에 있어서 필자가 제시한 피해자들을 위한 기독교 상담 원리에 대한 선이해가 요구된다.

기독교 상담자는 위와 같은 자세를 가지고 상담에 임하며 성폭력 피해자를 위한 의료적, 법률적 지원을 위한 기본적인 지식을 갖추고 피해자를 공감하고 지지하며 위로해야 할 것이다.

4) 피해자를 위한 기독교 상담의 목적

피해자를 위한 기독교 상담의 최종적인 목적은 피해자가 하나님의 피조물인 '생명'으로 살아가기 위해 생명 그 자체의 '존엄성을 회복'하는 것이라고 할 수 있다.

피해자들의 회복을 위해서 상담자는 피해자가 자신의 취약성을 인지하고 인정할 수 있도록 도와줄 수 있어야 한다. 가해자를 규정하여 명명하기를 통해 피해자는 자신의 피해 사실을 인지하고 자신이 피해자임을 인정하면서 아픔과 고통이 동반되지만 치유가 이루어진다. 이처럼 피해자가 동일하거나 비슷한 상황에서 자신의 취약성을 극복할 수 있도록 만들어 더 이상 피해를 입지 않고 현실에 살아가도록 도와주는 것이 기독교 상담의 목적이다.

목회자 성폭력에서 가장 신속하고 즉각적인 반응으로 대처한 경우가 참여자 4이다. 참여자 4는 가해자 목사에 대한 신격화된 특별한 부분이 있었음에도 불구하고 종교적 취약성을 극복하였다. 이러한 사회·종교적 취약성은 종교나 사회가 피해자를 취약하게 만드는 구조적인 문제이기 때문에 피해자가 비평적인 시각을 가지도록 노력해야 할 것이다.

피해자를 위한 기독교 상담의 목적은 생명, 존엄성, 회복으로 요약될 수 있으며 필자가 제시한 기독교 상담자의 자세와 상담 원리를 통해 상담의 목적을 이룰 수 있을 것이다.

제7장 결론

여성 성폭력 피해자를 위한 기독교 상담의 연구 결과 피해자의 악에 대한 저항의 궁극적인 목적과 피해자를 위한 기독교 상담 원리가 '생명의 존엄성'에 가치를 두고 있다는 공통점을 발견하였다.

먼저 필자는 권력에 의한 힘의 남용이 악이라고 규정한 폴링의 이론을 고찰한 후, 힘의 불균형 상태에서 성을 매개로 한 힘의 남용을 '성 권력이론'이라 명명하였다. 폴링의 '성 권력이론'은 성폭력 구조를 이해하고 피해자를 파악하는 데 매우 유용하다.

필자는 힘의 불균형 상태에서 피해자가 힘의 남용을 어떻게 인식하고 반응하는가에 주목하였다. 피해자가 인식하는 힘의 남용에서 목회자 성폭력은 신체와 영혼을 파괴하는 악의 전형적인 형태로 나타났다. 목회자 성폭력은 하나님과 인간 사이의 관계를 단절시키고, 어미와 딸, 유부녀, 친자매 등 그 범위를 가리지 않고 성폭력을 일삼는 반인륜적인 범죄행위(참여자 1, 참여자 2, 참여자 4)이므로 반드시 사회적인 통제 장치가 필요하다.

목회자에게 성폭력을 당한 피해자들과 수차례 만나 인터뷰하면서 선으로 위장하고 있는 악의 모습을 발견함으로써 동일한 형태로 작용하는 악의 유사성을 밝힐 수 있었다. 가해자에게 존재하는 악은 '침묵의 공모자'를 통해 유지되고 그 세력을 확장하고 있었으므로 악의 편에 서서 악을 도모하는 침묵의 공모자를 악의 공모자로 명명하였다.

참여자는 성폭력의 피해자이면서 동시에 악에 대한 저항자이다. 피해자들의 힘 남용에 대한 반응은 비폭력적인 저항이었고, 그 저항은 효과를 나타내었다. 악에 대한 비폭력적 저항은 말하기를 통한 '공개하기', 회유에 넘어가지 않고 '버티기', 탈퇴 등의 '거부하기', 기관과 '연대하기', 다른 피해자를 도우며 '지지하기'의 다섯 가지 형태이다. 저항의 다섯 가지 형태는 자기보호의 성격을 가지고 있으며 자기보호는 피해자를 무력감으로부터 벗어나게 하여 건강한 내적 자기 창출에 기여하였다.

저항에 대한 이해와 해석을 통한 저항의 영웅 재발견은 성폭력 피해자들의 역할 모델이 되어 저항의 자원이 된다. 저항의 형태인 '공개하기'와 치유의 경험에서 나타난 '말하기'는 피해자가 말을 한다는 점에서 서로 상관관계가 있으므로 저항과 치유는 상호연관 관계를 가지고 작용함을 알 수 있었다.

치유는 저항의 힘이 되지만 치유의 방해는 저항의 용기를 훼손한다. 피해자의 치유를 방해하는 항목은 사회나 종교가 피해자를 취약하게 만드는 취약성과 상관관계를 가진다. 사회의 잘못된 통념이나 종교의 신격화와 같은 신화를 파괴함으로써 피해자는 자신의 취약성을 극복하고 저항의 시점을 앞당길 수 있다.

저항은 생존을 위한 것이며 비폭력적인 저항의 최종 목적은 '생명'이다. 피해자를 위한 기독교 상담의 목적 또한 하나님의 피조물인 생명으로 살아가기 위해 생명 그 자체의 존엄성을 회복하는 것이다. 더불어 피해자가 생명으로 존재하기 위해서는 피해자의 회복을 도울 수 있는 조력자로서의 상담자가 절실히 필요하다.

필자가 제시한 기독교 상담 원리는 피해자가 피해자에서 생존자로 생존자에서 더 나아가 조력자로 변화될 수 있는 체험이 가능하도록 돕는다. 피해자를 위한 기독교 상담의 목적 또한 하나님의 것을 하나님에게로 돌리는 지극히 성경적인 것이다. 성폭력 상담에 필요한 기독교 상담의 원리는 '피해자의 안전', '가해자 규정하여 명명하기', '피해자가 느끼는 피해의 깊이에 주목하기', '피해자들을 위한 장을 마련하기' 그리고 '피해자의 가족 상담하기'로서 성폭력 상담에서 순차적으로 이루어져야 할 부분이다.

피해자를 돕기 위한 기독교 상담자의 자세는 '피해자 입장에서 성폭력 정의하기', '저항의 종교적 자원을 발굴하여 상담에 활용하기', '피해자의 취약성을 파악하고 성폭력 상담에 필요한 기독교 상담 원리 숙지하기'이다.

유기적인 사고를 가진 피해자들은 새로운 하나님 이미지를 생성하는 데 필요한 전이의 기간을 단축시키는 장점을 가지고 있으므로 하나님 이미지는 저항의 종교적 자원으로 활용될 수 있는 매우 중요한 요소이다. 복음주의 교회 또한 종교적 자원으로 활용될 수 있는 피해자를 위한 공동체의 좋은 예이다. 특히 목회자 성폭력은 피해자의 피해가 크지만 기독교 상담자는 피해자가 가진 종교적 자원을 상담에 적극적으로 활용할 수 있어야 한다.

기독교 상담자는 피해자를 돕기 위한 자세를 가지고 필자가 제시한 성폭력 상담에 필요한 기독교 상담 원리를 활용함으로써 생명, 존엄성, 회복과 같은 기독교 상담의 궁극적인 목적을 이루어 나가야 한다.

본서는 다른 분야에 비해 신학 분야의 연구가 미흡한 성폭력에 대해 성폭력 피해자를 대상으로 이들을 직접 만나 인터뷰하고 연구의 주제로 삼은 실험 연구 그 자체로서 큰 의미를 지닌다.

교회 내 성폭력에 대해 연구한 박성자[164] 소장은 교회 내 성폭력은 교묘한 장치에 의해 성폭력이 이루어진다고 했다. 본서는 이런 교묘한 것에 대한 힘의 작용을 밝힘으로써 성폭력에 대해 보다 근원적인 접근을 하였다.

필자는 힘의 불균형 상태에서 피해자가 인식하는 힘의 남용, 즉 성폭력에서 악이 어떻게 작용하는지 그 형태의 유사성을 밝혔고, 피해자의 비폭력 저항에 초점을 두어 저항의 형태와 방법, 생명 그 자체를 위한 저항의 필요성과 중요성을 밝힘으로써 '성 권력이론'을 한 걸음 진보시켰다.

연구사적 고찰에서 가해자 집단의 특성이 일반인들에게도 확인된다는 사회학 연구 결과는 일반인들이 잠재적 가해자임을 말해 주고 있다. 성폭력 피해자 중심의 연구였으므로 가해자에 대한 많은 부분에 대해 연구의 한계를 가지고 있지만 성폭력 피해를 입은 피해자들에게는 희망을, 잠재적 성폭력 가해자나 잠재적 피해자들에게는 성폭력 예방을 도모할 수 있다는 점에서 의의가 있다.

끝으로 이 책은 다음과 같은 활용 가능성을 가진다.

첫째, 성폭력에 관한 선행 연구가 많지 않은 기독교 상담에서 피해자에 관한 연구에 일조할 수 있다. 특히 성폭력 피해를 겪은 피해자

---

164) 여성신학자 협의회 부설 성폭력상담소.

들의 진술은 성폭력 연구에 관한 기초 자료로 활용될 수 있다.

둘째, 기독교 상담의 원리 제시는 성폭력 상담에 있어서 필수적이고도 기본적인 원리를 제시하였으므로 전문적인 기독교 상담뿐만 아니라 친족성폭력이나 위계에 의한 성폭력에서의 일반 상담에서 활용이 유용하다.

셋째, 동일한 형태로 작용하는 악의 유사성에 대해서는 잠재적 피해자에게 매우 유용하여 성폭력을 예방하는 차원의 활용이 가능하다. 악이 동일한 패턴을 가지고 실존하므로 교회 내 성폭력에 대해 의문을 품고 있는 피해자들이 현실을 직시하고 자각할 수 있도록 도와줄 수 있을 뿐만 아니라 더 이상의 피해를 막기 위한 예방적 차원의 활용이 가능하다. 즉 잠재적 피해자와 실제 피해자의 예방적 차원의 활용을 기대할 수 있다.

넷째, 성폭력 구조에 대한 이해는 힘의 남용과 취약성에 대한 합리적인 시각을 제공함으로써 상대적으로 자신이 힘에 대해 강자인지 약자인지를 알 수 있는 '자기 인식'이 가능하다. 따라서 피해자뿐만 아니라 가해자 예방을 위한 성폭력 교육에서도 이 책을 활용할 수 있다.

참고문헌

강남희, "몸에 대한 담론과 그 신학적 의미: 푸코(M. Foucault)와 맥패그(S. Mcfague)를 중심으로", 석사학위논문, 장로회신학대학교, 2000.

고미영, 『이야기 치료와 이야기의 세계』, 서울: 청목출판사, 2004.

공수자, "Newman의 실무연구 방법론을 근거로 한 성폭력 피해자의 건강경험", 박사학위논문, 전남대학교, 2003.

곽진선, "교회 내 성폭력 극복을 위한 기독교 교육의 과제: 남성목회자에 의한 성폭력 문제를 중심으로", 석사학위논문, 한신대학교, 2003.

권김현영, "한국 사회에서의 성폭력 문제 구성과 여성주의 인식론", 한국성폭력상담소, 『제25기 성폭력전문상담원 교육 자료집』(2007): 35 – 48.

길병희 외, 『교육연구의 질적 접근』, 서울: 교육과학사, 2001.

김경재, 『폴 틸리히의 신학연구』, 서울: 대한기독교 출판사, 1987.

김경희 외, "성폭력 피해여성의 경험에 관한 연구", 『한국학교보건학회지』 9, no.1(1996): 77 – 98.

김기복, 『임상목회교육: 이론과 실제』, 서울: 한들출판사, 2003.

김나미, "고난 이해에 대한 여성 해방신학적 재해석: 매 맞는 여자들의 문제를 중심으로", 석사학위논문, 이화여자대학교, 1993.

김덕기, "요한복음 6장의 '텍스트사회학'적 분석과 해석: 독자의 이야기 재창조를 위해서", 『신학논총』 4(1998): 241 – 272.

김승진, "여성을 위한 목회상담의 새로운 접근", 석사학위논문, 연세대학교, 1997.

김용화, "성 인지적 관점에서 바라본 성평등 실현에 관한 연구", 박사학위논문, 숙명여자대학교, 2006.

김재현, "푸코의 연구 방법과 권력 이론에 관하여", 석사학위논문, 총신대학교, 2000.

김지선, "여성의 범죄에 대한 두려움: 사회적 구성과 결과", 박사학위논문, 이화여자대학교, 2004.

김형태, "21세기 한국사회와 기독교 상담의 과제", 『한국기독교 상담 · 심리치료학회 창간호』(2000): 11 – 35.

김혜경·김애령, 『여성해방이론의 쟁점』, 서울: 도서출판 태암, 1998.

김효선, "성폭력, 성별 정치가 남성 간의 정치로", 『성폭력을 다시 쓴다 – 객관성, 여성운동, 인권』, 서울: 한울출판사, 2004.

남순열, "한국인의 성폭력에 대한 태도유형에 관한 연구", 박사학위논문, 한양대학교, 1999.

남재성, "강간 범죄의 피해자화 요인에 관한 연구", 박사학위논문, 동국대학교, 2006.

대검찰청, 『범죄분석』, 서울: 대검찰청, 2008.

도상금, "성폭력으로 인한 심리증상을 매개하는 무력감, 귀인 및 정서 대처", 박사학위논문, 서울대학교, 2006.

박강희, "밧세바, 다말의 이야기에서 나타난 여성 성폭력에 대한 고찰", 『복음과 상담』 34(2004): 36 – 61.

박성자, 『기독교인을 위한 성폭력 예방 지침서』, 서울: 한국여신학자협의회 기독교여성상담소, 2005.

박성희, 『상담학 연구 방법론』, 서울: 양서원, 1997.

박애선, "성폭력 피해상담의 여성주의적 접근방법과 열림터의 중요성", 한국성폭력상담소, 『내일을 여는 열림터』(1995): 23 – 28.

박요한, "성에 대한 기독교 윤리적 고찰: 오늘날 성의 왜곡과 관련하여", 석사학위논문, 총신대학교, 2002.

박중수, "힘의 남용에 대한 목회 신학적 이해", 『신학과 목회』 25(2006): 81 – 107.

박현이, "비행청소년의 여성관과 성폭력과의 관계", 석사학위논문, 서강대학교, 1995.

반신환, "신형상에 대한 Rizzuto의 대상관계론적 이해와 그 비판", 『종교연구』 13(1997): 213 – 228.

배영미, "그들만의 교회에 여성은 없다?: 교회 내 성차별과 성폭력에 대한 소고", 제3시대 그리스도교연구소, 『시대와 민중신학』 7(2002): 125 – 142.

백선욱, "여성상담에서의 새로운 접근을 위한 일 연구", 『학생생활연구』 21(1985): 17 – 32.

변혜정, "성폭력 피해 구성과 그 의미에 관한 연구", 박사학위논문, 이화여자대학교, 2003.

성정현, "성역할 태도와 이혼여성의 적응에 관한 연구", 박사학위논문, 서울대학교, 1998.

손창화, "내러티브치료의 목회상담적 적용", 석사학위논문, 장로교신학대학교,

2006.

송명자, 『발달심리학』, 서울: 학지사, 2003.

신경림 외, 『질적연구 용어사전』, 서울: 현문사, 2003.

신명아, "프로이트와 라깡의 슈레버 박사의 정신병 사례 연구", 『라깡과 현대
　　　정신분석』 1, no. 1(1999): 18 – 38.

심영희, "여성의 성폭력 피해연구: 서울시 여성에 대한 피해자조사를 중심으
　　　로", 『한양대 사회과학논집』 12(1993): 239 – 265.

　　　　, "보호, 평등, 차이의 딜레마", 『한양대 사회과학논집』 16(1997): 317 – 366.

　　　　, "한국에서의 가정폭력의 피해", 『한양대 사회과학논집』 11(1992): 167 – 184.

　　　　 외, 『함께 이루는 남녀평등』, 서울: 나남출판, 2002.

안옥희, "친족 성폭력 피해 경험", 박사학위논문, 중앙대학교, 2000.

양창국, "성폭력 이해와 예방대책에 관한 연구", 석사학위논문, 안양대학교,
　　　2003.

오 　매, "여성의 몸과 성폭력, 성폭력문화: 정치적 행위로서의 자기방어훈련",
　　　한국성폭력상담소, 『제23기 성폭력전문상담원 교육 자료집』(2006): 77 – 81.

오우성 · 박민수, 『상담으로 풀어본 신학』, 대구: 계명대학교출판부, 2005.

오우성, 『성서와 심리학의 대화』, 서울: 대한기독교서회, 2007.

유경희, "대안적인 여성폭력 추방정책: 성폭력, 가정폭력을 중심으로", 한국성
　　　폭력상담소, 『세계여성폭력추방주간기념 긴급토론회』(2002): 37 – 51.

유복님, "여성과 성폭력 사회의 문제", 『기독교사상』 389(1991): 80 – 88.

윤영호, "바람직한 교회학교 성교육을 위한 연구", 석사학위논문, 목원대학교,
　　　2001.

윤응진, 『기독교 평화교육론』, 오산: 한신대학교출판부, 2001.

　　　　, 『비판적 기독교 교육론』, 서울: 다산글방, 2000.

이경숙, "구약성서에 나타난 성폭력과 여성", 『기독교사상』 389(1991): 7 – 18.

이규미, "여성상담의 특징과 여성상담자의 전문적 자질", 『한국여성심리연구회
　　　지』 1(1996): 128 – 138.

이기춘, 『들음의 신학』, 서울: 도서출판 감신, 2002.

이남인, "현상학과 질적 연구", 한국현상학회 철학문화연구소, 『철학과 현실』
　　　64(2005): 165 – 180.

이동임, "성폭력범죄 처벌의 개선방안에 관한 연구", 박사학위논문, 경상대학
　　　교, 2007.

이명선, "강간에 대한 여성학적 접근", 석사학위논문, 이화여자대학교, 1989.

이명희, "친족 성폭력 피해자의 후유증과 그 회복과정 연구", 박사학위논문,

경성대학교, 2003.

이봉지, "도라의 반란: 엘렌 식수와 도라의 초상", 『프랑스 어문 교육』 11(2001): 273-298.

이부영, 『분석 심리학』, 서울: 일조각, 1998.

이석재·최상진, "강간 통념 수용도에 따른 성행동, 성폭력 및 성폭행사건 지각", 『한국심리학회지』 15, no. 1(2001): 97-116.

이선영, "강간에 대한 통념의 수용에 관한 연구", 석사학위논문, 이화여자대학교, 1989.

이선자, "성폭력 피해여성을 위한 목회상담적 접근", 석사학위논문, 장로회신학대학교, 1998.

이성숙, 『매매춘과 페미니즘, 새로운 담론을 위하여』, 서울: 책세상, 2002.

이순구, "프로이트의 도라: 페미니즘적 접근", 『19세기 영어권 문학』 8, no.2(2004): 89-113.

이영희, "여성상담의 기초개념", 『여성상담의 실제』, 서울: 한국여성개발원, 1985.

이원규, "교회 내 성폭력에 대한 종교사회학적 분석", 『성폭력과 기독교』, 서울: 여성신학사, 2000.

이정은, 『사랑의 철학』, 서울: 살림출판사, 2004.

이종인, "성폭력 이론들에 관한 비판적 고찰: 종족성 및 성 인지적 시각의 모색을 위하여", 『비교문화연구』 제12집 1호(2006): 141-193.

이창재, 『프로이트와의 대화』, 서울: 민음사, 2004.

이치균, "스포츠 참가 청소년의 학교폭력 가해행동과 심리적 특성의 차이", 박사학위논문, 성균관대학교, 2007.

이현숙, "기독교와 성폭력", 『성폭력과 기독교』, 서울: 여성신학사, 2000.

이형득, 『인간관계훈련의 실제』, 서울: 중앙적성출판사, 1982.

임경수, "심리사회구조적 관점에서 본 성폭력과 기독교 상담", 『한국기독교 상담·심리치료학회 영남지회창립총회 및 학술세미나』(2008): 17-27.

______, 『목회상담과 인간이해』, 대구: 계명대학교출판부, 2005.

______, 『인간발달이해와 기독교 상담』, 서울: 학지사, 2004.

장 욱, "현대적 성폭력의 본질과 양태에 대한 철학적 고찰", 『가톨릭철학』 7(2005): 321-361.

장다혜, "단순강간의 형사법상 판단기준에 관한 여성주의적 연구", 박사학위논문, 이화여자대학교, 2003.

장윤경, "성폭력의 예방과 특별법의 적용", 『기독교사상』 427(1994): 186-192.

정금교, "여성폭력에 대한 목회상담적 접근", 석사학위논문, 계명대학교, 2001.

정석환, "이야기 심리학과 목회상담", 『신학논총』 4(1998): 203 – 240.

______, 『목회상담학 연구』, 서울: 한국학술정보, 2002.

정숙경, "자본주의하에서 성 억압에 대한 이론적 고찰", 고려대학교 석사학위
　　　논문, 1998.

정숙자, "교회 내 성폭력과 라헬 이야기", 『성폭력과 기독교』, 서울: 여성신학
　　　사, 2000.

정희진, "법제화 이후의 여성운동을 위하여", 『성폭력을 다시 쓴다 – 객관성,
　　　여성운동, 인권』, 서울: 한울출판, 2004.

조명원, 『여성을 위한 성범죄 법률상식』, 서울: 가림M&B, 2000.

조영미, "한국 페미니즘 성연구의 현황과 전망", 한국 성폭력상담소 엮음, 『섹
　　　슈얼리티 강의』, 서울: 동녘, 1999.

조진수, "성폭력 이해와 치유를 위한 목회상담적 접근", 석사학위논문, 전주대
　　　학교, 2001.

지광준, 『성희롱 성폭력의 실상과 예방대책: 은폐와 침묵을 넘어』, 서울: 경인
　　　문화사, 1999.

최명관, "성폭력에 대한 이해와 교회적 대응에 관한 연구", 『한국여성신학』
　　　30(1997): 54 – 64.

최영애, "성폭력 특별법 제정 방향에 관한 제언", 『기독교사상』 419(1993): 201 – 207.

______, "성폭력과 교회의 과제", 『기독교사상』 418(1993): 149 – 154.

______, "청소년 성폭력 실태와 대책", 『기독교사상』 447(1996): 139 – 150.

하정숙, "친족성폭력 피해자 치유를 위한 목회상담 연구", 석사학위논문, 이화
　　　여자대학교, 2001.

한국여성개발원 편, 『성폭력의 예방과 대책에 관한 연구』, 서울: 한국여성개발
　　　원, 1992.

한국여성연구회, 『여성학 강의』, 서울: 동녘, 1994.

한국여성학연구회, 『여성학의 이해』, 서울: 도서출판 경문사, 1998.

한국여신학자협의회 편, 『성폭력과 기독교』, 서울: 여성신학사, 2000.

한국염, "교회 내 성폭력의 실태와 과제", 『기독교사상』 481(1999): 222 – 233.

______, 『성과 여성신학』, 서울: 대한기독교서회, 2001.

______, 『성폭력과 기독교』, 서울: 여성신학사, 2000.

한국형사정책연구원, 『강간 범죄의 실태에 관한 연구』, 서울: 한국형사정책연
　　　구원, 1992.

현혜원, "성폭력 피해자들의 외상 후 스트레스 장애와 목회적 대응", 석사학위

논문, 감리교신학대학교, 2005.

홍기형, "질적 접근으로서의 현상학적 연구 방법", 『한국교육개발원, KEDI 한국교육』 13, no.1(1986): 5 - 18.

Adams, Carol and Marie Fortune. *Violence Against Women and Children: A Christian Theological Source book*. N.Y.: Continuum, 1995.

Allender Dan B. and Tremper Longman III. 마영례 역, 『담대한 사랑』, 서울: 이레서원, 2003.

Anderson, Cheryl. B. *Women, Ideology, and Violence: Critical Theory and the Construction of Gender in the Book of the Covenantand the Deuteronomic Law*. New York: T&T Clark, 2004.

Anderson, L. Margaret. 『성의 사회학』, 이동원, 김미숙 역, 서울: 이화여자대학교 출판부, 1994.

Bass, Ellen and Laura Davis. 『아주 특별한 용기』, 이경미 역, 서울: 동녘, 2000.

Brock, Rita Nakashima and Rebecca Parker. *Proverbs of A shes: Violence, Redemptive Suffering, and the Search for What Saves Us*. Boston: Beacon Press, 2001.

Brownmiller, Susan. *Against Our Will: Men, Women and Rape*. N.Y.: Simon and Schuster, 1975.

Chaplin, Jocelyn. *Feminist Counseling in Action*. London: SAGE Publication, 1988.

Chung Hyun Kyung. *Struggle to Be the Sun Again*. Maryknoll, N.Y.: Orbis, 1992.

Clinebell, Howard. 박근원 역, 『목회상담신론』, 서울: 한국장로교출판사, 2003.

Doehring, Carrie. "The Absent God: When Neglect Follows Sexual Violence" *JPC* 47(1993): 3 - 12.

Edinger, F. Edward. 이재훈 역, 『성서와 정신』, 서울: 한국심리치료연구소, 2001.

Enns, Carolyn Zerbe. *Feminist Theories And Feminist Psychotherapies: Origins, Themes, And Variations*. N.Y.: The Harrington Park Press, 1997.

Eugene, Toinette M. "If You Get There Before I Do!: A Womanist Ethical Response to Sexual Violence and Abuse" *JITC*(1995): 91 - 113.

Fairbairn, W. Ronald D. 이재훈 역, 『성격에 관한 정신분석학적 연구』, 서울: 한국심리치료연구소, 2003.

Fattah, E. A. *Understanding Criminal Victimization: An Introduction of Theoretical Victimology*. Ontario: Prentice - Hall, Canada Inc., 1991.

Freud, Sigmund. 김재혁 · 권세훈 역, 『꼬마 한스와 도라』, 파주: 열린책들, 2004.

Greenspan, Miriam. *A New Approach to women & Therapy*. 2nd Edition. Blue Ridge Summit: TAB Books, 1993.

Gudorf, Christiane E. "The worst sexual sin: Sexual violence and the Church" *Christian Century January* 6(1993). 19 – 21.

Hampson, Daphne. *Theology and Feminism*. Oxford: Basil Blackwell, 1990.

Hunsinger, Deborah van Deusen. 이재훈 · 신현복 역, 『신학과 목회상담』, 서울: 한국심리치료연구소, 2000.

Joh, Won Hee Anne. *Heart of the Cross: A Post colonial Christology*. Louisville: Westminster John Knox, 2006.

Jongsma, A. E. and Budrionis R. 박경 · 고정애 · 소용주 · 이명희 · 이희숙 역, 『성폭력 피해자와 가해자를 위한 치료 지침서』, 서울: 학지사, 2005.

Keshgigian, Flora. *Redeeming Memories: A Theology of Healing and Transformation*. Nashville: Abingdon Press, 2000.

Lerner, Harriet Goldhor. 김태련 · 이명선 역, 『무엇이 여성을 분노하게 하는가』, 서울: 이화여자대학교출판부, 1995.

Levinson, D. J. and others. 김애순 역, 『남자가 겪는 인생의 사계절』, 서울: 이화여자대학교출판부, 1996.

Müllner, Ilse and Ulrike Eicheler. 김상임 역, 『깨어진 침묵 – 성폭력에 대한 여성신학적 응답』, 서울: 여성신학사, 2001.

Neuger, Christe Cozad. 정석환 역, 『여성들을 위한 목회상담』, 서울: 한들출판사, 2002.

Park, Andrew Sung and Susan Nelson. *The Other Side of Sin: Woundedness From the Perspective of the Sinned –Against*. Albany, N.Y.: State Univ of New York Press, 2001.

Patton, John. 장성식 역, 『목회적 돌봄과 상황』, 서울: 은성, 2004.

Plante, Thomas G. and Arianna Aldridge. "Psychological Patterns Among Roman Catholic Clergy Accused of Sexual Misconduct." *Pastoral Psychology* 54, no.1(2005): 73 – 80.

Poling, J. N. and Lewis S. Mudge. *Formation and Reflection: The Promise of Practical Theology*. Philadelphia: Fortress Press, 1987.

___________. *The Abuse of Power: A Theological Problem*. Nashville: Abingdon Press, 1991.

___________. *Deliver Us from Evil: Resisting Racial and Gender Oppression*. Minneapolis: Augsburg Fortress Publishers, 1996.

___________. and Christie Cozad Neuger. *The Care of Men*. Nashville: Abingdon Press, 1997.

___________. and Toinette M. Eugene. *Balm for Gilead: Pastoral Care for African*

American Families Experiencing Abuse. Nashville: Abingdon Press, 1998.

___________. Brenda Consuelo Ruiz and Linda Crockett. *Render Unto God: Economic Vulnerability, Family Violence, and Pastoral Theology*. St. Louis, MO: Chalice Press, 2002.

___________. Christoper Grundy and Min, Hahnshik. "Men Helping Men to Become Pro — Feminist." *Journal of Religion & Abuse* Vol.4 Issue 3(2002): 107 − 122.

___________. "Ethics and Spiritual Care: A Guide for Pastors, Chaplains, and Spiritual Directors" *Journal of Religion & Abuse* Vol.5 Issue 4(2003): 74 − 77.

___________. and Emmanuel Y. Lartey. *In Living Color: An Intercultural Approach to Pastoral Care and Counseling*. New York: Jessica Kingsley Publishers, 2003.

___________. *Men's Work in Preventing Violence Against Women*. N. Y.: Haworth Pastoral Press, 2003.

___________. *Understanding Male Violence: Pastoral Care Issues*. St. Louis, MO: Chalice Press, 2003.

___________. "God, Sex and Power." *Theology & Sexuality: The Journal of the Institute for the Study of Christianity & Sexuality* Vol.11 Issue 2(2005): 55 − 70.

___________. "Preventing Family Violence: An Education Model" *Pastoral Psychology* Vol.54 Issue 4(2006): 377 − 391.

___________. "Theology Today: On Earth as It Is in Heaven" *Theology Today* Vol.64 Issue 2(2007): 278 − 278.

___________. "Gender, Violence and Process Theology" 윤소정 역, 이화여성신학 연구소 2008 국제석학초청강연회, 2008년 5월.

Poling, Nancy Werking. *Victim to Survivor: Women Recovering from Clergy Sexual Abuse*. Cleveland, OH: United Church Press, 1999.

Powell, Mark Allan. 이종록 역, 『서사비평이란 무엇인가』, 서울: 장로교출판사, 1993.

Pres, Terrence Des. 차미례 역, 『생존자』, 서울: 도서출판 인간, 1981.

Pruyser, Paul W. 이은규 역, 생의 진단자로서 목회자, 서울: 동서남북, 2000.

Ray, Darby. *Deceiving the Devil: Atonement, Abuse, and Ransom*. Cleveland: Pilgrim Press, 1998.

Rizzuto, Ana — Maria. *The Birth of the Living God: A Psychoanalytic Study*. Chicago: University of Chicago Press, 1979.

Robison, Linda H. "The Abuse of Power: A View of Sexual Misconduct in a Systemic Approach to Pastoral Care" *Pastoral Psychology* 52 no.5(2004): 395 − 404.

Ruether, Rosemary R. 손승희 역, 『새 여성·새 세계』, 서울: 우일문화사, 1980.

Runions, Erin. *Changing Subjects: Gender, Nation and Future in Micah*. New York: Sheffield Academic Books, 2001.

Tanner, Kathryn. *Jesus, Humanity and the Trinity*. Minneapolis: Fortress Press, 2003.

Trible, Phyllis. *Texts of Terror*. Philadelphia: Fortress Press, 1984.

Ulman, S. E. "Correlates and consequences of adult sexual disclosure" *Journal of Interpersonal Violence* 11, no.4(1996): 554 – 571.

Weems, Renita J. *Battered Love: Marriage, Sex, and Violence in the Hebrew Prophets*. Minneapolis: fortress Press, 1995.

West, Traci C. *Wound soft he Spirit: Black Women, Violence, and Resistance Ethics*. N.Y.: New York University Press, 1999.

Wimberly, Edward P. 김진영 역, 『목회상담과 성경의 사용』, 서울: 한국장로교 출판사, 2005.

Wink, Walter. 김준우 역, 『예수와 비폭력 저항』, 서울: 한국기독교연구소, 2003.

Winslade, J. and G. Monk. 송현종·정수희 역, 『이야기 상담』, 서울: 학지사, 2005.

인터넷 주소

http://www.sisters.or.kr/index.php/subpage/pds/1(검색 2009년 4월 18일)

참고자료 Ⅰ

What Happened

How did you Survive

How have you experienced healing

How did the social context
    make you vulnerable
    and/~~or~~ keep you Survive and heal

How did your faith (religion)
    make you vulnerable &
    help you Survive and heal

Abuse   — Individual — Resistance
                        Psych —

Social
Institutions:
   Family   Vulnerability   Ideology
   Church   Patriarchy
   Society   Race
   Culture   Class
                               Culture
                               Disabilities
                               Immigration

          Religious

             Xty.
                                   Resource
Abuse   father God
obstacle   Jesus
                H.S.
                Church

                Sin
                Forgiveness

Evil
Resistance
us
Victim.
oppression
being dominated
Death
Behaviors
& Attitudes
Life
Abusers – My Right to
Power Control
Hope for
Change

참고자료 Ⅳ

Internal Structure of the Healthy Self
setting goals   setting limits
CONSCIENCE
thinking   acting
EGO
being alone   being intimate
ATTACHMENT
self-affirmation   self-critique
SELF-ESTEEM
protecting the self   doing work
AGGRESSION

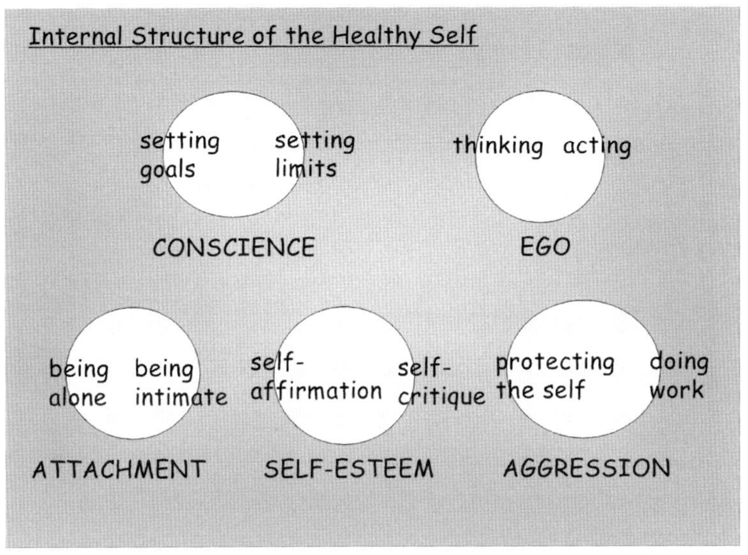

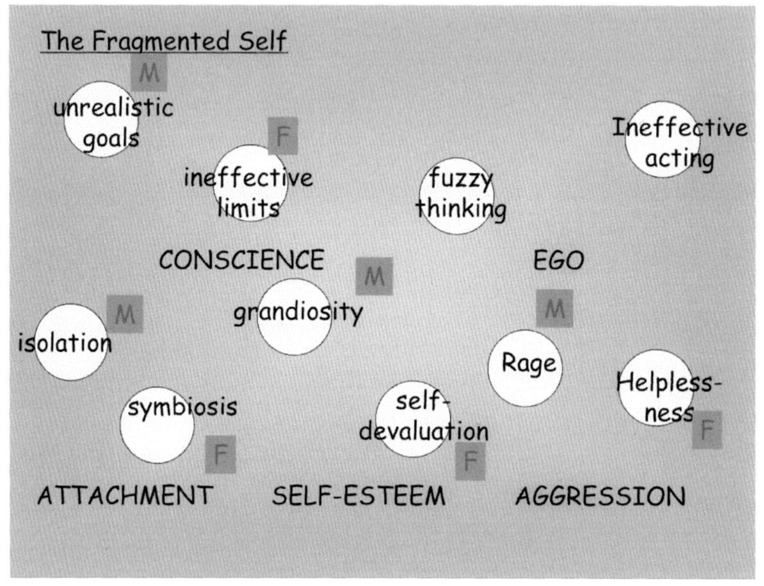

The Fragmented Self
M
unrealistic goals
F
ineffective limits
fuzzy thinking
Ineffective acting
CONSCIENCE
EGO
M
grandiosity
M
isolation
M
Rage
symbiosis
self-devaluation
Helpless-ness
F
F
F
ATTACHMENT
SELF-ESTEEM
AGGRESSION

김선희

계명대학교 대학원 신학과(Th. M)
계명대학교 대학원 신학과(Ph. D)
계명대학교 교양과정학부 강사
기독상담연구소 상담부장
기독교여성상담소 상담원
한국청소년상담원 품성개발상담 지도자
대한가족보건복지협회 청소년 성교육/성상담 전문가
계명대학교 학생상담센터 집단상담 지도자
한국 기독교상담 심리치료학회 기독교상담 심리치료사

「가출예방을 위한 목회상담자로서의 부모」(석사학위논문, 2001)
「여성 성폭력 피해자를 위한 기독교 상담」(박사학위논문, 2009)

악에 대한 저항

초 판 인 쇄 | 2011년 2월 28일
초 판 발 행 | 2011년 2월 28일

지 은 이 | 김선희
펴 낸 이 | 채종준
펴 낸 곳 | 한국학술정보㈜
주   소 | 경기도 파주시 교하읍 문발리 파주출판문화정보산업단지 513-5
전   화 | 031) 908-3181(대표)
팩   스 | 031) 908-3189
홈 페 이 지 | http://ebook.kstudy.com
E - m a i l | 출판사업부 publish@kstudy.com
등   록 | 제일산-115호(2000. 6. 19)

ISBN   978-89-268-2003-2 93230 (Paper Book)
            978-89-268-2004-9 98230 (e-Book)

내일을여는지식 은 시대와 시대의 지식을 이어 갑니다.